“新财经”课程思政系列丛书

货币金融学
课程思政案例集

主编　翁舟杰

西南财经大学出版社
Southwestern University of Finance & Economics Press
中国·成都

图书在版编目(CIP)数据

货币金融学课程思政案例集/翁舟杰主编.—成都:西南财经大学出版社,2021.10

ISBN 978-7-5504-4827-8

Ⅰ.①货… Ⅱ.①翁… Ⅲ.①思想政治教育—教案(教育)—高等学校 Ⅳ.①G641

中国版本图书馆 CIP 数据核字(2021)第 054158 号

货币金融学课程思政案例集

主编:翁舟杰

责任编辑:李晓嵩
助理编辑:杨婧颖
责任校对:雷静
封面设计:何东琳设计工作室
责任印制:朱曼丽

出版发行	西南财经大学出版社(四川省成都市光华村街 55 号)
网　　址	http://cbs.swufe.edu.cn
电子邮件	bookcj@swufe.edu.cn
邮政编码	610074
电　　话	028-87353785
照　　排	四川胜翔数码印务设计有限公司
印　　刷	四川五洲彩印有限责任公司
成品尺寸	185mm×260mm
印　　张	9.75
字　　数	176 千字
版　　次	2021 年 10 月第 1 版
印　　次	2021 年 10 月第 1 次印刷
印　　数	1— 2000 册
书　　号	ISBN 978-7-5504-4827-8
定　　价	29.80 元

出版说明

为深入贯彻落实习近平总书记关于教育的重要论述和全国教育大会精神，贯彻落实中共中央办公厅、国务院办公厅《关于深化新时代学校思想政治理论课改革创新的若干意见》，把思想政治教育贯穿人才培养体系，全面推进高校课程思政建设，发挥好每门课程的育人作用，提高高校人才培养质量，教育部印发了《高等学校课程思政建设指导纲要》（以下简称《纲要》）。《纲要》指出，全面推进课程思政建设是落实立德树人根本任务的战略举措。培养什么人、怎样培养人、为谁培养人是教育的根本问题，立德树人成效是检验高校一切工作的根本标准。课程思政建设是全面提高人才培养质量的重要任务。

为全面贯彻新时代党的教育方针，落实立德树人根本任务，国家教材委员会印发了《习近平新时代中国特色社会主义思想进课程教材指南》，明确要求把习近平新时代中国特色社会主义思想有机融入课程教材。《"党的领导"相关内容进大中小学课程教材指南》首次就"党的领导"相关内容融入课程教材作出整体设计，对于深入推进习近平新时代中国特色社会主义思想进教材、进课堂、进头脑具有重大意义。

根据相关文件精神，西南财经大学于2021年成立课程思政研究中心。为切实落实本科专业类教学质量国家标准和一流专业建设的基本要求，充分发挥教材在课程思政建设中的关键作用，打造课程思政精品教材体系，西南财经大学课程思政研究中心组织金融学院、保险学院、经济学院、工商管理学院、会计学院、财政税务学院、统计学院、经济信息工程学院、法学院、国际商学院、公共管理学院、经济数学学院、经济与管理研究院等出版了课程思政系列丛书（以下简称"丛书"）。

丛书以习近平新时代中国特色社会主义思想为指导，紧紧围绕教学导向“准”、育人格局“全”、思政元素“齐”、覆盖范围“广”、教学团队“强”的目标，围绕国家、区域以及学校课程思政建设的发展要求，深入挖掘各类课程和教学方式中蕴含的思想政治教育资源，致力于加快构建中国特色哲学社会科学学科体系、学术体系、话语体系，帮助学生了解经管类学科专业知识和行业领域的国家战略、法律法规和相关政策，引导学生深入社会实践、关注现实问题，培育学生经世济民、诚信服务、德法兼修的职业素养。丛书以案例集、教学指南等形式，教育引导学生把国家、社会、公民的价值要求融为一体，提高个人的爱国、敬业、诚信、友善修养，自觉把小我融入大我，不断追求国家的富强、民主、文明、和谐，倡导社会的自由、平等、公正、法治，将社会主义核心价值观内化为精神追求，外化为自觉行动；教育引导学生深刻理解中华优秀传统文化中讲仁爱、重民本、守诚信、崇正义、尚和合、求大同的思想精华和时代价值；教育引导学生传承中华文脉，富有中国心、饱含中国情、充满中国味；教育引导学生深刻理解并自觉践行各行业的职业精神和职业规范，增强职业责任感，培养遵纪守法、爱岗敬业、无私奉献、诚实守信、公道办事、开拓创新的职业品格和行为习惯，着力培养具有社会责任感、创新精神和国际视野的财经领域卓越人才。

丛书涵盖西南财经大学国家级重点学科和一流本科专业，作者包括西南财经大学国家级教学团队成员和其他资深教师。丛书经过作者反复斟酌研讨、倾力编撰而成，将思想政治教育寓于教学之中，让学生在学习专业知识的同时，增强“四个意识”，坚定“四个自信”，自觉做到“两个维护”，深入推进习近平新时代中国特色社会主义思想进教材、进课堂、进头脑。

西南财经大学课程思政研究中心

前言

货币金融学是一门蕴含丰富思政元素的金融专业基础课程，该课程对于学生金融知识的构建，金融职业道德的培养以及正确的世界观、价值观、人生观的塑造起到至关重要的作用。西南财经大学货币金融学课程组（以下简称“课程组”）一贯重视把我国经济金融改革实践和伟大成就融入课程，近年来更是重视把思政元素融入课程，并且探索形成了货币金融学八个维度的思政教学目标，即政治认同、家国情怀、道德修养、法治意识、文化素养、科学精神、时代担当和广阔视野。

政治认同。货币金融学课程涉及金融机构、金融市场、金融监管等知识以及相关体系的制度设计问题，这些制度设计不同于西方国家，具有中国特色。课程组通过讲述我国经济金融改革所取得的伟大成就，努力传递坚持中国共产党领导的重要性，加深理解中国特色社会主义制度的优越性，坚定学生的政治认同。

家国情怀。课程组通过介绍我国金融业改革发展过程中涌现出的一批优秀金融探索者和实践者，让学生感受中华民族一脉相承的爱国主义精神，传承爱国情怀。课程组通过国内外横向对比和历史维度的纵向对比，向学生介绍当前我国金融改革的关键点，让学生树立为祖国、为人民奋斗奉献的理想。

道德修养。在市场经济条件下，金融从业者职业道德水平的高低在很大程度上决定着该行业能否立于不败之地并得到持续健康发展。课程组努力让学生认识到金融职业道德的重要性，自觉养成遵守金融职业道德的习惯，切实提高学生的道德修养，成为有大爱、大德和大情怀的优秀从业者。

法治意识。货币金融学课程中某些知识点涉及金融监管及相关法律法规的制定和完善，因此包含了大量培养学生法治意识的内容。课程组努力让学生意识到法律法规对于金融业稳定发展的重要作用，让学生自发遵守、崇尚和捍卫相关法律。除此之外，课程组鼓励学生对当前法律法规存在的不足进行创新性探索，为金融业法治建设贡献自己的力量。

文化素养。货币金融学课程注重学生文化素养的养成。文化素养的养成，需要一个在良好素质的基础上不断积累和沉淀的过程，一个不断理解和深悟的过程，一个不断提高和丰富的过程，一个不断完善和完美的过程。文化素养的养成，不可能一蹴而就。积极的素养，是综合性的，既是知识，又是能力；既是品德作风，又是胸怀境界。

科学精神。货币金融学课程注重培养学生的科学精神。科学精神是反映科学发展内在要求并体现在科学工作者身上的一种精神状态，如科学探索者的信念、勇气、意志、工作态度、理性思维、人文关怀和牺牲精神等，其内涵极为丰富，对青年学子意义重大。

时代担当。货币金融学课程注重培养青年学子的时代担当精神。青年兴则国家兴，青年强则国家强。国家的希望在青年，民族的未来在青年，青年要主动扛起责任担当，勇做新时代的弄潮儿。

广阔视野。货币金融学课程注重培养学生的广阔视野。当代大学生是实现中华民族伟大复兴的生力军，是祖国的未来和民族的希望。大学生要培养自己的世界眼光和国际视野，立志成才报国，有志于为世界文明的进步添砖加瓦。

以上八个维度是货币金融学思政教学的目标。实现思政教学的目标需要以思政元素为载体，虽然货币金融学课程中蕴含了丰富的思政元素，但很多思政元素并非显而易见的，需要教师和学生去发现与挖掘。课程组编写本书就是为了更深入地挖掘思政元素，更好地把思政元素融入教学中。本书收集了我国大量经济金融改革发展的最新实践和成果，通过思政元素的挖掘和思政案例的讲解，帮助师生更为有效地达成货币金融学思政教学目标。

本书由翁舟杰负责结构和内容的确定以及最终的统稿和审定。参加编写的人员包括：翁舟杰、董青马、黄宇虹、阮小莉、李凤、马如静、尚玉皇、唐莹、戴艳萍、杨韧、陈懋龙、宋全云、王锦阳、赖政、刘垚、张卓、钟文欣、黎方、韩义、孙牧佳、黄金金。限于编写人员的水平，书中的疏漏在所难免，望专家、读者批评指正。

本书的编写得到了西南财经大学教务处、金融学院、中国金融研究中心、证券与期货学院等部门的大力支持，本书的出版得到了西南财经大学出版社的大力支持，我们对此表示由衷的感谢。

翁舟杰

2021 年 8 月

目录 CONTENTS

包商银行接管事件

董青马[①]

一、案例正文

2019 年，我国包商银行出现严重信用危机，面临破产，中国人民银行（以下简称央行）和中国银行保险监督管理委员会（以下简称银保监会）迅速采取救助措施，以保护存款人和其他客户的合法权益，避免金融风险迅速扩散。该事件暴露出我国中小银行的经营仍存在许多问题。事件的具体经过如下：

1998 年，在银监会及中国人民银行的准许下，包头市商业银行设立，后于 2007 年改名为包商银行。包商银行总部位于包头市。包商银行作为区域性股份制银行，在北京、成都、深圳、宁波等地均设有分行。明天集团是包商银行最大的股东，同时包商银行也是明天集团最早控股的金融机构之一。从 2017 年开始，包商银行就未向外界披露公司年报，这从侧面反映其经营已经出现问题。直至 2019 年 5 月 24 日，包商银行因出现严重信用风险，被央行、银保监会联合接管。

根据监管部门披露的信息，包商银行出现信用危机的主要原因是股权问题引发的经营风险。自 2005 年以来，包商银行最大的股东明天集团占用包商银行款项累计高达 1 500 亿元，这笔款项每年的利息就多达百亿元。由于包商银行长期无法还本付息，出现严重的资不抵债，直至被我国相关监管机构发现。2019 年 5 月，包商银行被依法接管。

2019 年 5 月 24 日，接管组全面接管包商银行，并委托中国建设银行托管包商银行的业务。接管包商银行后，接管组依法按照市场化、法治化的原则处置金融风险。根据存款保险制度，由存款保险基金提供资金，接管组对各类债权人特别是近 500 万名储户、20 万名个人理财客户和 3 万家中小微企业的合法权益给予充分保障。

---

① 董青马，西南财经大学中国金融研究中心教授。

2019年6月，接管组以市场化方式聘请中介机构，逐笔核查包商银行的对公以及同业业务，并深入开展资产负债清查、账务清理、价值重估和资本核实等工作，全面系统地掌握了包商银行的资产状况、财务状况和经营情况。清查核实的结果证实了包商银行确实存在巨大的资金缺口，接管时已出现严重的信用风险。

2019年9月，为确保包商银行改革重组期间金融服务不中断，接管组借鉴国际金融风险处置的经验和做法，并根据《存款保险条例》等国内现行法规条例，决定采取新设银行收购承接的方式推进包商银行的改革重组，即新设立一家银行来收购并接受包商银行原有的资产、负债和相关业务等。以收购承接方式处置，既最大限度保护了客户的合法权益，又依法依规打破了刚性兑付，实现对部分机构的激进行为纠偏，进而强化市场纪律，促进了金融市场的合理信用分层。

2020年4月30日，新设的蒙商银行正式成立，同日，包商银行接管组发布公告，包商银行将相关业务、资产及负债，分别转让至蒙商银行和徽商银行。存款保险基金根据《存款保险条例》第十八条，向蒙商银行、徽商银行提供资金支持，并分担包商银行的资产减值损失，促成蒙商银行、徽商银行收购承接，保证金融业务的连续运行。接管期间，接管组向纪检监察等机关移送了前包商银行及相关监察单位领导人的违法违规和犯罪线索，并对他们依法追责问责。因此这次包商银行破产处置方式是由存款保险基金出资、央行“最后贷款人”依法支持，最后通过新设银行进行收购承接。

包商银行出现信用危机的根本原因是公司内部治理的失效，再加上地方政府出现“监管捕获”，这为包商银行违法违规和舞弊行为提供有利的条件，致使其控股股东明天集团可以肆无忌惮地挪用款项。具体原因可以分为以下几个方面：

第一，包商银行的股权结构设置不合理，大股东操纵股东大会。根据包商银行2016年披露的年报，包商银行的股权结构从表面上看来分散可控，但实际上其却被明天集团以89%的股权控制，明天集团作为包商银行的第一大股东，其持股比例远超监管规定的20%的上限。明天集团的“一股独大”，导致包商银行股东大会不能发挥科学、民主决策的作用，股东大会的形式化为大股东干预和掏空包商银行提供了合法的外衣。

第二，包商银行的决策权不分散，没有党委的制衡。据悉，其内部控制人李某某从2002年起担任包商银行行长，2008年起担任包商银行党委书记、董事长，到2019年包商银行被接管时，其担任“一把手”的时间长达

11年，即在包商银行被接管前的相当一段时间里，其内部决策权集中于李某某一人之手，包商银行的党委书记是在董事长领导下的党委书记，党委是在董事长领导下的党委。李某某是实际上的内部控制人和大股东代理人，董事会、党委、经营决策层均直接听命于他，包商银行董事会各项运作机制形同虚设，内部风险管控失效，董事会实际成了给明天集团进行利益输送的"伙伴"。此外，由于缺乏党内监督和引导，包商银行形成了扭曲的文化，导致一些党员领导干部以权谋私、违法乱纪。

第三，地方政府出现"监管捕获"。"监管捕获"也是包商银行公司治理失效的重要原因。部分甘于被"围猎"的地方监管高官不仅收受贿赂，还插手包商银行内部的人事任命和工程承揽等事务。此次事件中有些关系人通过自己控制的公司从包商银行骗取巨额贷款，通过自办的律师事务所从包商银行获取高额律师服务费。

第四，包商银行内部部分员工专业素质较差，职业道德缺失，企业内部职工管理也存在严重问题。包商银行部分工作人员传出受贿、违规放贷及收取规定外费用等丑闻。2013年11月包商银行北京分行两名员工违法收取贷款人员"咨询费"53.2万元；2015年1月包商银行北京分行一名员工未做好贷前审查工作就将边疆贷款申报到相关部门，导致包商银行违法发放贷款2亿元；2016年3月包商银行赤峰分行在贷款发放与管理中违反审慎经营原则，银监局对其相关人员做出处分；2018年3月包商银行北京分行一名工作人员未按程序识别客户身份，同年4月包商银行乌兰察布分行因违规放贷被处以20万元的罚款处分。

综上所述，包商银行被接管事件的背后其实折射出很多监管和治理方面的漏洞，这些也为我国中小银行的治理提供了更多警示。中小银行应当建立有效制衡的股权结构，实现股权结构的合理化和多元化，同时有关监管部门要强化外部监管，完善信息披露机制，培育健全的商业银行公司治理文化，提高公司的透明度。

二、案例的思政元素

（一）充分发挥国有企业党委（党组）在新时代的领导作用

十九大党章载明："国有企业党委（党组）发挥领导核心作用，把方向、管大局、保落实，依照规定讨论和决定企业重大事项。国有企业和集体企业中党的基层组织，围绕企业生产经营开展工作。保证监督党和国家的方针、政策在本企业的贯彻执行；支持股东会、董事会、监事会和经理（厂长）依法行使职权；全心全意依靠职工群众，支持职工代表大会开展工作；参与企业重大问题的决策；加强党组织的自身建设，领导思想政治工作、精神文明建设和工会、共青团等群团组织。”这为新时代国有企业党委（党组）确立领导地位，发挥领导作用指明了方向，并且其清楚地要求国有企业党委（党组）要切实担负起党要管党，从严治党的重大责任，要切实成为公司治理的领导核心和政治核心，要切实增强把抓好党建作为最大政绩的意识。

一个完善的公司治理结构，必须要加强党的领导，处理好党组织和其他治理主体的关系，让党的领导真正通过“党委书记的领导”和“董事长的领导”发挥核心作用。党的领导与公司治理并不矛盾：首先，党委的目标之一也是确保银行首先要守法经营、合规经营，提高银行资产质量和市场竞争能力，这与公司治理的目标完全一致；其次，要求党员要比一般员工更奉公守法；最后，党委同时还需要关注和解决银行过度追求短期利润、集团利益而忽视长远发展等问题。

总之，党委发挥领导作用对于维护金融稳定，平衡好企业利益、社会利益和公众利益的关系有着十分重要的作用。

（二）认真贯彻全面从严治党战略部署，加强党风廉政建设

全面从严治党是党的十八大以来党中央作出的重大战略部署，是“四个全面”战略布局的重要组成部分，也是全面建成小康社会、全面深化改革、全面依法治国顺利推进的根本保证。全面从严治党，基础在全面、关键在严、要害在治。

党的十八大以来，以习近平同志为核心的党中央身体力行、率先垂范，坚持思想建党、组织建党和制度治党紧密结合，集中整饬党风，严厉惩治腐败，净化党内政治生态，主要重点从六个方面推进全面从严治党。

一是抓思想从严，坚持用马克思主义中国化最新成果武装头脑、凝心聚魂，用理想信念和党性教育固本培元、补钙壮骨，着力教育引导全党坚定理想、坚定信念，增强中国特色社会主义道路自信、理论自信、制度自信、文化自信。

二是抓管党从严，坚持和落实党的领导，引导全党增强政治意识、大局意识、核心意识、看齐意识，着力落实管党治党责任，不断增强各级党组织管党治党的意识和能力。

三是抓执纪从严，坚持把纪律放在第一位，坚持有令必行、有禁必止，坚决查处各种违反纪律的行为，使各项纪律规矩真正成为“带电的高压线”，用铁的纪律从严治党，保证全党团结统一、步调一致。

四是抓治吏从严，坚持正确用人导向，深化干部人事制度改革，破解“四唯”难题，着力整治用人上的不正之风，优化选人、用人环境。

五是抓作风从严，坚持以上率下，锲而不舍，着力解决许多过去被认为解决不了的问题，推动党风政风不断好转。

六是抓反腐从严，坚持以零容忍的态度惩治腐败，“老虎”“苍蝇”一起打，遏制腐败蔓延势头。

包商银行有近 3 000 名党员，其中 468 名党员党组织关系未转入包商银行，这些党员长期不参加党组织生活，不接受党性教育，不按规定缴纳党费；包商银行纪委对大量的举报线索不立案、不查处、不追究；对一些严重违法违规放贷的案件居然只做内部处理……党内监督问责机制失效。因此，只有认真贯彻全面从严治党，加强党风廉政建设才能从根源上杜绝类似事件的发生。

（三）加强金融队伍建设，增强思想政治与法治教育

金融业是一个经营货币商品的特殊行业，其中的金钱诱惑更为直接和强烈。目前，随着现代社会消费方式的日益多元化，在拜金主义等不良风气的影响下，部分金融从业者职业道德缺失，法律意识淡薄，他们不顾法律后果，为获取钱财铤而走险，最终触犯法律。包商银行内部职工就存在着收受贿赂、违规放贷及收取规定外费用的违法行为，这反映出包商银行的职工不具备良好的职业道德和职业纪律，法律意识薄弱，因此严格进行从业人员筛选，在金融工作人员中抓好世界观、人生观教育，抓好职业道德和法治教育对于预防金融犯罪、防范金融风险具有十分重要的作用，具体可以从以下几个方面做起：

首先，严格制订人事管理制度，建立和完善岗位责任制和考核审查制，选择优秀人员上岗。其次，在全体银行员工中开展拒腐防变、廉洁奉公、遵纪守法的教育，树立良好的职业道德和职业纪律，自觉提高廉洁自律，反腐防腐的自觉性。最后，员工要不断加强法律知识的学习，增强法治意识。因为银行从业者更容易受到金钱的诱惑，如不学法、不懂法，就有可能在不知不觉中做出违法的事情。因此，加强从业人员思想建设和法律意识是预防金融风险的基础。

三、案例使用说明

（一）教学用途和教学目标

1. 教学用途

本案例为描述型案例，适用于“金融监管”章节的“银行业监管”部分的教学。

2. 教学目标

（1）掌握包商银行被接管的原因。

（2）引导学生分享包商银行接管事件带给我们的启示。

（二）案例讨论的准备工作

（1）学生应提前预习银行业监管的相关知识，对银行业监管主要形式有大致的认识。

（2）学生们应提前查阅相关资料，了解什么是银行接管、银行触发接管的条件，以及银行接管的目的。

（三）案例分析要点

1. 启发思考题

（1）结合案例，思考包商银行接管事件带来的影响有哪些？

（2）结合案例，探讨未来如何继续完善中小银行的监管体制？

2. 分析思路

（1）参考答案如下：

首先，从中小银行发展的角度来讲，短期内中小企业经营环境恶化，但中小银行股权结构和公司治理问题引起重视，有利于中小银行长期发展向好。此次包商银行的托管处理仅对个人客户及5 000万以下的同业和对公客户实施全额保障，但超过5 000万元以上的本息，预计保障为90%，这不仅打破了刚性兑付同时也改变了市场对商业银行的流动性、安全性以及营利性的预期。受该事件影响，部分资质较差的中小商业银行短期内将面临负债规模减小及资金成本上升的压力。此外，包商银行托管的最直接原因是公司治理和股权方面的问题，这些问题直接导致其负债端压力及信用风险增大，包商银行事件虽然属于个案，但它还是给中小银行防范化解风险，分散股权敲响了警钟，长期来看对于中小银行未来发展有纠错作用。

其次，从长期角度来看包商银行被接管的影响，5 000万元以上的对公存款及同业负债不明确担保的信号表明了政府维护金融稳定的决心，政府在对系统性金融风险底线严防死守的同时稳步推进金融供给侧结构性改革，展现了政府部门引导金融行业逐步回归本源、服务实体的意愿。同时，包商银行托管也有助于中小银行明确自身定位，有效控制风险，实现服务区域经济发展的本职，从而迈向高质量发展方向。相关监管部门也会逐步改善监管政策，使其更具针对性，更细化有效。银行机构之间的分化可能由此增大，资金在银行同业之间的低效传导局面也会发生良性改变，金融业去杠杆的效果更加明显。

（2）参考答案如下：

第一，应加强市场约束，细化银行监管。市场约束的核心是及时有效地进行信息披露，包商银行危机未爆发前，2017 年和 2018 年的年报迟迟没有发布，其通过“引入战略投资者”等理由蒙混过后，监管方未能尽早发现其风险，最终酿成“失控”的局面。此外，中小银行未来的发展仍然会继续呈现出与大型银行相比明显的差异化特点，因此相关监管措施的制定应在差异化的基础上需更加细化，相关监管部门可以对银行业中不同类型的机构的信息公开披露的频率、力度提出不同的要求，如可以对中小银行等风险性较高的群体予以重点关注等，进而产生更好的监管效果。

第二，应建立银行间关联风险控制预警及阻断机制。有效控制风险的前提是可以对风险指标进行准确的测量及预测，银行间的关联风险控制预警也是如此。银行间同业市场的迅猛发展致使金融机构间存在着大量资金业务往来，这些错综复杂的关联为金融风险的快速扩散提供了可更为广阔的空间，因此建立健全金融机构间，尤其银行间的关联风险预警机制十分有必要。

第三，利用金融科技构建市场风险管理体系。建立在互联网金融基础上的金融科技的飞速发展，使得不少银行或竞相建立自己的金融科技子公司，或与金融科技巨头达成密切合作。因此，银行金融科技衍生业务也需要受到细致监管，而这些与银行有密切合作的大型金融科技公司也需及时完善自身相关风险防控体系及监管制度，除了应对金融科技带来的风险加以防范之外，还应充分利用金融科技来防范新型的金融风险。

第四，关注主要客群及日常不正当竞争。中小银行的主要客群多为其经营区域内的中小企业、商户、农户及居民，地区经济发展对中小企业及个体的影响较大，关联也较为密切。故我们可以尝试针对中小银行主要客户群体建立统一信用评级系统，利用大数据技术建立检测标准将客户群体细化，这不仅可以使中小银行对某些信用资质较差的中小企业或个体提前采取预防措施防范风险，还可针对细化客户群体进行精准营销，针对不同客户群体满足其差异化需求，同时创造最大的经营效益。

第五，充分发挥地方政府的风险处置功能，并不断完善金融机构破产机制。中小银行的经营发展与地方政府的管控密不可分，地方政府对中小商业银行有着较大的管理权与控制权，政府有关部门实施有效监督管理、协调合作，对未来中小银行的发展起着至关重要的作用，同时有关监管当局还需要进一步加强对中小银行的监管，探索完善问题银行处置机制。

四、案例总结

包商银行因其股权结构设置不合理、公司内部管理失衡以及内外部监管失效等原因，出现严重信用危机，为保护存款人和其他客户的合法权益，避免金融风险迅速扩散，央行和银保监会迅速采取救助措施，采用市场化、法治化的原则进行接管处置，最终它们采取新设银行收购的方式对包商银行进行改革重组，避免了风险的进一步扩大。该接管事件为整个金融业敲响了警钟：首先，商业银行尤其是中小银行应不断完善公司治理，不断优化股权结构；其次，商业银行应依法合规、审慎经营，这既是银行防控风险的前提，也是稳健发展的基础；最后，监管当局还需要进一步加强对于中小银行的监管，应进一步探索完善问题银行处置机制，积极借鉴国际先进经验和做法，尽快出台金融机构破产法，为问题机构退出市场奠定法律基础。

参考文献

［1］周学东. 中小银行金融风险主要源于公司治理失灵：从接管包商银行看中小银行公司治理的关键［J］. 中国金融，2020（15）：19-21.

［2］马智宏. 充分发挥国有企业党委（党组）在新时代的领导作用［EB/OL］.（2018-01-08）［2020-12-01］. http://dangjian.people.com.cn/n1/2018/0108/c117092-29751779.html.

［3］武安华. 稳妥有序接管包商银行［J］. 银行家，2020（1）：24.

中国平安增持汇丰控股成为第一大股东

翁舟杰[①]

一、案例正文

（一）中国平安和汇丰控股概况

中国平安是指中国平安保险（集团）股份有限公司。1988 年 5 月 27 日，中国平安在深圳蛇口招商北路六栋开业，成为国内第一家股份制商业保险公司。在过去的 30 多年，中国平安从只有 13 名员工的小保险公司，发展成为集金融保险、银行、投资等金融业务为一体的整合、紧密、多元的，具有国际竞争力的综合金融服务集团。中国平安年营业收入从成立之初的 418 万元，增长到 2018 年年底的 9 768. 32 亿元，增长 233 692 倍，跻身 2018 年度《财富》世界 500 强第 29 位，居全球保险企业第一位。中国平安为香港联合交易所主板及上海证券交易所两地上市公司。

汇丰控股有限公司为汇丰集团的控股公司，总部设于英国伦敦，成立于 1991 年，但其旗下附属公司已经有相当悠久的历史。汇丰是全球规模最大的银行及金融服务机构之一。

（二）中国平安增持汇丰控股概况

据香港交易所 2020 年 9 月 26 日披露的信息，中国平安花费 3 亿港元，在 2020 年 9 月 23 日以平均每股 28. 285 9 港元的价格，增持 1 080 万股汇丰控股的股份。增持完成后，中国平安对汇丰控股的持股数量达 16. 55 亿股，持股比例升至 8%，取代贝莱德重新成为汇丰控股的第一大股东。

中国平安与汇丰的首次“牵手”，发生在 2002 年。当时，汇丰认购了中国平安 10%股份，耗资约 6 亿美元，成为后者单一最大股东。2012 年 12

① 翁舟杰，西南财经大学金融学院教授。

月，出于自身战略调整，汇丰将其持有的平安股份全部转出，并表示“平安是汇丰近十年来最成功的投资之一”。

几年后，平安又反身买入汇丰控股股票。到 2017 年 12 月 5 日，平安在增持 1 000 万股汇丰控股后，持股数量已升至 10.18 亿股，成为汇丰第二大股东，持股比例也突破 5%，构成举牌。

对于身份互换后的再度“牵手”，汇丰当时表示，“欢迎平安成为我们的长期投资者”。平安则表示，“投资汇丰是我们的一项财务性投资。汇丰经营业绩优，分红好，符合平安资产管理的保险资金的资产负债匹配原则。”

此后，平安继续增持汇丰。

2018 年 2 月，平安对汇丰的股权占比突破 6%；同年 11 月，占比又突破 7%，超越贝莱德成为汇丰控股单一大股东。其间，平安对汇丰控股的持股数量也从 2017 年 12 月 5 日的 10.18 亿股增至 2018 年 11 月 1 日收市后的 14.19 亿股。

2019 年 9 月，贝莱德通过增持汇丰控股，持股占比又超过了平安，成为汇丰控股第一大股东。

2020 年 9 月，平安在此次再度增持后，其持有汇丰控股的股份数量上升至 16.55 亿股，持股比例上升至 8%，显著高于贝莱德的持股占比（7.14%），重新成为汇丰控股第一大股东。

二、案例的思政元素

（一）金融业的中国自信

党的十八大以来，习近平总书记在国内外多个高光时刻讲述中国发展故事，引领自信的中国阔步走向世界。

何谓“中国自信”？从时间维度来说，中国自信包括对历史中国、现实中国和未来中国的自信，当然它更侧重于当下和未来；从空间维度来说，中国是 21 世纪最伟大的实践样本，我们有理由自信；从主旨维度来说，这种自信是对引领中国发展的基本理论、基本路线、基本方略有自信，是对中国选择的发展道路、制度模式和价值观念有自信，是对中国的前进方向和未来目标有自信。

结合到金融业，在当下世界部分人的观念中，我国的金融业欠发达，我国金融业总是被他们或多或少地和落后联系在一起。诚然，我国的金融业还有待进一步发展，但就规模体量而言，我国的金融业已取得了举世瞩目的成绩。2021 年 6 月，国际权威财经媒体《银行家》（*The Banker*）在其官网公布 2021 年全球银行 1 000 强最新榜单，中国农业银行、中国建设银行、中国农业银行和中国银行，分别在榜单中排名前四位。这已是中资银行连续 4 年包揽排行榜前 4 名。其中，中国工商银行更是连续 9 年名列榜首。

结合中国平安的情况，在过去的 30 多年间，中国平安从只有 13 名员工的小保险公司，发展成为集金融保险、银行、投资等金融业务为一体的整合、紧密、多元的、具有国际竞争力的综合金融服务集团。从 2002—2012 年汇丰控股为中国平安的第一大股东，到目前的中国平安成为汇丰控股的第一大股东。这种快速的发展以及平安和汇丰角色的反转，无不为我国金融业的中国自信提供了强力的支撑。

（二）金融业的快速发展得益于改革开放

改革开放以来，我国发生了天翻地覆的变化。无论是在中华民族历史上，还是在世界历史上，这都是一部感天动地的奋斗史诗。1979 年，国家开始对金融业进行体制改革，掀开现代金融业发展的新篇章。银行、保险、信托、基金、融资租赁、证券等多种金融业态从此开始不断涌现。

自 1997 年以来，我国每五年召开一次全国金融工作会议，推动我国金融业实现了从“计划金融”向“市场金融”的转型，基本建立起与社会主义市场经济发展相适应的金融市场体系、金融组织体系和金融监管体系，有效提升了市场配置资源的能力，使金融成为推动我国经济持续健康发展的重要力量。1998 年，我国发行特别国债补充国有商业银行资本金并剥离不良资产。2002 年和 2007 年召开的全国金融工作会议对持续推进国有商业银行股份制改革等关键问题做出周密部署，并对保险、证券、信托等行业的发展提出明确要求。

党的十八大以来，我国经济发展进入了新时代，其基本特征就是我国经济已由高速增长阶段转向高质量发展阶段。2012 年和 2017 年召开的全国金融工作会议把金融服务实体经济作为推进金融改革与发展的重要目标。特别是在 2017 年全国金融工作会议上，习近平总书记深刻阐述了做好金融工作的重要原则并明确指出，“为实体经济服务是金融的天职，是金融的宗旨”“金融要把为实体经济服务作为出发点和落脚点”。这就为金融业进一步认清自身功能和定位、统一金融工作思想、明确金融工作总纲领提供了重要指引。

目前，我国利率市场化改革、人民币汇率形成机制改革、银行业市场化改革等已见成效，人民币国际化和金融业双向开放取得积极进展，多层次资本市场体系建设稳步推进，资本项目可兑换、民营银行试点等改革工作也在扎实推进。

中国平安正是成长于改革开放大潮中。在过往的30多年里，中国平安是中国金融业创新发展的探索者之一，得益于中国经济的快速发展，迅速成长为大型金融集团。中国平安取得的这些成绩充分表明，坚持金融业改革创新的市场化方向符合金融业发展一般规律，是推动金融业发展适应社会主义市场经济的重要实践经验，也是做好下一阶段金融工作的必然选择。

三、案例使用说明

（一）教学用途和教学目标

1. 教学用途

本案例适用于“金融体系概览”章节的“金融市场的国际化”部分的教学。

2. 教学目标

（1）了解我国金融机构股份制改革和境外战略投资者的引入情况。

（2）了解我国金融机构快速发展和境外上市与持股等情况。

（二）案例讨论的准备工作

（1）学生应提前预习金融市场国际化的相关知识，对金融市场国际化的主要形式要有大致的认识。

（2）学生应提前查阅相关资料，了解我国金融业改革发展的大致历程，对我国金融机构和金融市场改革发展所取得的成绩有基本认识。

（三）案例分析要点

1. 启发思考题

结合案例和本章节“金融市场的国际化”教学内容，探讨我国资本市场的对外开放的举措。

2. 分析思路

资本市场开放作为我国金融市场开放的重要组成部分，是我国提高国际竞争力、实现经济可持续发展的必然要求。近年来，我国资本市场开放整体呈现出循序渐进和速度逐步加快的特征。

2018年以来，我国资本市场对外开放呈现出加速的态势。2018年4月，中国人民银行宣布推出十一条扩大金融业对外开放的具体措施和实施时间表；2019年9月，国家外汇管理局正式取消合格境外机构投资者（QFII）和人民币合格境外机构投资者（RQFII）投资额度限制；同年10月份，证监会宣布提前一年于2020年1月份、4月份、12月份依次放开对期货、基金和证券公司的外资股比限制；2020 年 11 月 1 日，《合格境外机构投资者和人民币合格境外机构投资者境内证券期货投资管理办法》正式实施。

这一系列重大举措的实施，显示了我国扩大资本市场对外开放的坚定决心。对外开放的推进完善了我国资本市场的制度建设，改善了融资环境，提高了国际认可度，但同时也面临着诸多挑战。有效控制风险，积极应对挑战，才能更加稳妥有序地推进我国资本市场开放，使其更好地服务于我国实体经济的长远发展。

四、案例总结

改革开放以来，我国经济、金融快速发展，金融业无论从规模和数量，还是从质量和竞争力都有了巨大的发展和提升。本案例中，中国平安的快速成长就是我国金融事业快速发展的一个缩影。通过本案例的学习和思考，同学们既要深刻理解改革开放和金融业快速发展的关系，更要树立和进一步增强对我国金融业的中国自信。

参考文献

［1］中国平安保险（集团）股份有限公司. 中国平安：不负时代，感恩时代［J］. 保险理论与实践，2019（4）：56-74.

［2］券商中国. 平安增持 1 080 万股汇丰控股 持股比例突破 8% 重新成为第一大股东.［EB/OL］.（2020-09-27）［2020-10-29］. http://fund.eastmoney.com/a/202009271649775430.html

［3］人民日报. 我国金融业在改革创新中发展壮大. http://opinion.people.com.cn/n1/2018/0814/c1003-30226376.html

［4］钟红，陈玉琳. 资本市场开放的历程与方向［J］. 中国金融，2020（17）：41-43.

互联网银行助力小微企业发展

黄宇虹[①]

一、案例正文

小微企业长期以来面临着“融资难、融资贵”的难题，银行普遍缺乏向小微企业授信的动力。首先，由于部分小微企业忽视财务数据管理，不重视资产统计和信用维护，银行需要付出较大成本对小微企业进行风险评估。其次，银行授信的重要标准是抵押资产情况，而非企业的经营状况，小微企业一般会因缺乏抵押资产而导致难以获得银行贷款。此外，小微企业贷款的特点表现出“短小频急”，而银行信贷业务的操作流程明显难以满足其用款要求。这些原因导致小微企业的资金需求在传统的银行信贷业务中难以获得有效满足，银行和小微企业之间存在供需矛盾。

2014—2016年，国内主流互联网公司开始探索基于数据技术的银行业务，相继获得银行牌照，成立互联网银行，其中的主要代表是以腾讯为主要股东的深圳前海微众银行，和以蚂蚁金服为主要股东的浙江网商银行。相比于传统银行，互联网银行的共同特点是依赖数字技术，核心优势在于依托金融科技降低了银行端的“三高”成本（风险成本、运营成本、服务成本）。在信息处理上，互联网银行运用大数据、云计算和人工智能，使其能够对海量信息进行分析、判断和处理，用户在相关平台的网络足迹有助于提高信贷管理的精准度，可以快速低成本地实现对小微企业的信贷风险评估，做到无抵押、无担保、纯信用贷款，并且有助于提高贷后管理的风险预警效率。比如，客户在平台上的采购、生产、销售各方面的互联网数据，用户个人的注册、消费、信用数据，政府平台的征信、税收、工商数据等。互联网银行背后依托的互联网公司也为其提供了足够规模的潜在客户，其能够以较低的成本实现对信贷产品的营销和推广。另外，由于业务模式从线下迁移到线上，

① 黄宇虹，西南财经大学中国金融研究中心副教授。

以及数据技术的应用，互联网银行能够通过网络快速处理大量的信贷请求，无人工审批，随时提供服务，甚至做到了“秒批秒贷”“一天多贷”“按天还贷”“按日计息”“随借随还”等传统银行信贷业务无法超越的优质用户体验，极大改善了小微企业的信贷满足度。

（一）微众银行

微众银行是我国首家互联网银行，于 2014 年 12 月 16 日正式成立，注册资本达 30 亿元人民币。腾讯、百业源、立业为主要发起人，腾讯认购总股本 30%的股份，为最大股东。作为一家年轻的银行，微众银行发展迅速。该行年报数据显示，全行 2019 年的资产规模达到 2 912 亿元，同比增长 32.4%，比成立时增长了约 100 倍；2019 年的营业收入为 148.7 亿元，同比增长 48.4%；微众银行开业后于 2016 年就实现了盈利，2019 年的净利润为 39.5 亿元，同比增长约六成。2019 年微众银行被国际评级机构穆迪和标普分别给予“A3”和“BBB+”评级，展望为“稳定”，在国内仅次于六大国有商业银行。国际知名独立研究公司弗雷斯特（Forrester）将微众银行定义为“世界领先的数字银行”。

微众银行目前有三大主要信贷业务——微粒贷、微车贷、微业贷。微粒贷于 2015 年 5 月推出，是微众银行的核心业务，主要依托微信和 QQ，为个人提供小额信用循环贷款；微车贷是该行与国内最大二手车商优信二手车合作推出的购车贷款产品；微业贷则为广大小微企业提供线上流动资金贷款。

微业贷于 2017 年 11 月正式推出，是国内首个全线上、纯信用小微企业流动资金贷款产品，一般纳税人企业、小规模纳税人企业和个体工商户均可申请。服务的企业平均年收入不到 500 万，雇佣人数 9 人左右；具有户均授信约 50 万元、户均余额 30 万、笔均贷款 20 万元的小额信贷特点。微业贷自上线以来的三年时间，该产品服务了超过 1 000 万家个体工商户和 150 万家企业法人。每 14 家企业中就有 1 家有过微业贷的申请记录；授信企业约 50 万户，其中 2/3 以上的客户从未在银行获得企业贷款，全国企业有贷户中 7%为微业贷的客户，累计放款超过 3 200 亿，间接支持近 400 万人就业。此外，微众银行还通过与供应链核心企业深度合作，批量触达更多的小微企业客户，实现对小微企业经营稳定性及增长趋势的深入评估。

在特色服务上，微众银行于 2019 年 9 月推出了一款面向小微企业的金融移动终端——“微众企业爱普”App。该 App 聚合了为小微企业定制的互联网智能融资服务、便捷账户服务、小微现金管理及第三方增值服务。同月，微众银行联合众安保险推出“企业无忧保障计划”，为小微企业财产、小微企业主健康和意外提供多种保障。2019 年 10 月，微众银行上线了票据贴现产品——“微闪贴”，支持最高 500 万元的票据贴现。

为进一步拓展小微服务，微众银行在 2020 年下旬进一步将金融服务品牌升级为“微众企业+”，旨在打造全链路商业服务生态，以更好地满足小微企业在经营过程中除融资需求以外的其他金融与非金融需求。它不仅为小微企业解决了融资问题，还提供了企业贴现、保险、生意商机等综合服务，努力实现让小微企业享受到与大型企业同等的金融服务。微众银行已经推出了“微众企业+卡”“微众企业+名片”两款新产品。“微众企业+卡”是小微企业专属的银行卡，一卡满足小微企业账户管理、便捷收付款及流动性管理等需要；“微众企业+名片”作为一款非金融产品，通过人工智能（AI）技术，根据企业的行业分类、经营所在地、业务规模、信用表现等精准推荐人脉关系，为企业主提供专属的社交服务。

（二）网商银行

继腾讯系的微众银行之后，背靠蚂蚁金服和阿里巴巴的浙江网商银行于 2015 年 6 月 25 日在杭州开业，注册资本为 40 亿元，由蚂蚁金服、万向三农、宁波金润、上海复星工业等六家股东发起设立，其中蚂蚁金服持有 30%的股份，为最大股东。网商银行是中国第一家将核心系统架构在金融云上的银行，创造了线上贷款“310 模式”，即 3 分钟申报，1 秒钟贷款，0 人工干预。客群定位同样是服务“长尾”客户，“永远不碰 20%的高净值客户”“不做 500 万元以上的贷款业务”，目标是“做中国小微企业客户数最多的一家银行”。与微众银行同时服务个人信贷及小微企业信贷不同的是，网商银行的目标客群是广大的小微网商、个人创业者和农业经营者，信贷产品主要包括网商贷和旺农贷，个人信贷业务不在其业务范围内。与微众银行个人信贷业务微粒贷对标的花呗及借呗产品，隶属于蚂蚁金服旗下，不属于网商银行的业务范畴。

作为互联网银行的双子星之一，网商银行成绩卓著。截至 2019 年年末，网商银行总资产为 1 395. 5 亿元，同比增长 45. 6%；营业收入为 66. 3 亿元，同比增长 5. 7%；净利润达 12. 6 亿元，同比增长 90. 8%；累计服务小微经营者（含企业法人和个体户）超过 2 000 万户，同比增长 70%，其中 80%的客户从未在其他银行获得过经营性贷款，成为全球服务小微经营者最多的银行。并且，其还获得 2019 年度世界银行和二十国集团（G20）旗下的“全球中小企业论坛”颁发的普惠金融领域全球最高奖项——“全球中小微企业银行奖”。

网商银行的信贷产品主要是纯信用贷款——“网商贷”和“旺农贷”。网商贷围绕淘宝、天猫及阿里巴巴电商平台，向广大电商平台卖家提供相应的贷款产品，满足电商平台卖家的融资需求，在这些平台的交易生态下，网商银行的小微信贷优势明显。旺农贷则结合阿里巴巴集团“千县万村”计划，利用“村淘合伙人”模式，结合消费品下乡、农产品上行以及农村生态圈等场景，开展特定金融服务。此外，网商银行也推出了面向小微企业的电子银行承兑汇票在线贴现服务——“网商贴”，以及为商家提供资金管理、现金管理和增值服务的工具——“余利宝”。

网商银行积极开展供应链金融服务，推出面向合作企业的“自保理”（服务下游采购商）和“回款宝”（服务上游供应商）两款产品，加快应收账款回款速度，提高采购商供应链管理效率。2020 年 9 月 1 日，网商银行公布了数字供应链金融升级计划，其将与阿里系统下的钉钉、阿里云等资源打通，把供应链金融嵌入企业数字化运营的场景之中。未来五年，预计将与 1 万家品牌商合作，通过供应链金融方式服务 1 000 万小微经营者。这一举措意味着，供应链金融这一原本只有大品牌、大经销商才能使用的金融工具将进入普惠阶段。

二、案例的思政元素

（一）积极推进小微金融服务的改革与创新

习近平总书记强调：“经济是肌体，金融是血脉，两者共生共荣”“深化金融供给侧结构性改革必须贯彻落实新发展理念，强化金融服务功能，找准金融服务重点，以服务实体经济、服务人民生活为本”“改进小微企业和‘三农’金融服务”。要把服务实体经济作为金融改革的出发点，使金融供给侧与资金需求侧相匹配，着力解决资金“脱实向虚”或在金融体系内空转，把更多的金融资源配置到经济社会发展的重点领域和薄弱环节，尤其是“融资难”“融资贵”问题突出的小微企业和民营企业。

微众银行和网商银行作为我国第一批互联网银行，从成立之初就一直以普惠金融为己任，将自身定位为专注服务小微信贷的互联网银行。互联网银行的突出特点是以金融科技作为驱动业务发展的核心引擎，通过区块链、人工智能、大数据和云计算等关键技术，提高金融供给侧与需求侧的匹配度，不断推进金融服务创新，让金融服务惠及小微企业与普罗大众。互联网银行的发展也带动了传统银行改进小微信贷的服务模式，它们通过联合贷款、转贷款以及技术指导等方式，与传统银行业务相互补充又相互竞争，促进银行业的业务转型与创新发展。

（二）政务大数据助力小微金融发展

“十四五”期间，在人工智能、大数据分析、云计算等数字技术的支撑下，数字经济快速发展，对政务数据公开化提出了迫切需求。这既是机遇也是挑战。长期以来，我国政府信息公开领域存在着公众对信息公开的需求与政府信息供给之间的不对称。随着数字经济的发展，大数据网络的构建需要倒逼政府部门公开政务数据，不断强化公开的广度和深度。

在传统的银行授信模式下，小微经营者缺乏贷款所需的抵押资产，造成其“融资难、融资贵”问题。在大数据模式下，任何反映借款人信贷风险的信息都将被充分利用，纯信用贷款得以发展。政府掌握了大量工商登记、社保、税务、婚姻、房产、车辆、公积金等金融机构不掌握的信息，并且具有数据精度高、权威性强等优势。加之大数据、人工智能技术的整合能力，政务数据、金融数据、互联网数据等多维度数据共同构建了用户的信贷画像，为金融机构提供精准营销、信用评估、反欺诈、风险定价、贷后监控等全流程的金融科技服务，企业、金融机构与政府之间的信息不对称问题得以解决，形成企业守信、银行放心的良性循环。

政务数据公开亟待解决的难题是如何对不同部门的信息进行整合。政府各部门信息之间普遍存在“数据烟囱”现象，即一个部门一个“烟囱”，“烟囱”与“烟囱”之间互不连通，数据分散，市场在缺乏顶层设计和统一规划的情况下，很容易形成部门之间的“信息孤岛”。因此，将政务数据整合并接入到金融系统中，仍有很长的路要走。

三、案例使用说明

（一）教学用途和教学目标

1. 教学用途

本案例适用于“金融机构概览与金融结构经济学分析”章节的“金融机构概览”部分的教学。

2. 教学目标

（1）了解我国互联网银行发展的背景和进程，以及互联网银行小微信贷的特点和模式。

（2）了解大数据技术下金融产品和模式的创新，例如供应链金融、银税互动等。

（二）案例讨论的准备工作

（1）学生应提前查阅资料，了解我国金融供给侧结构性改革的历程、主要措施、已取得的成就以及未来的改革方向。

（2）学生应提前预习金融数字化的发展现状和趋势。

（三）案例分析要点

1. 启发思考题

结合案例，讨论我国互联网银行对传统商业银行的冲击。

2. 分析思路

互联网银行成立的初衷是满足小微信贷需求，该类信贷需求的普遍特点是“轻资产”“短小频急”，银行在传统的授信模式下，对其进行风险评估和有效监管资金安全的需求很难得到满足。可以说，互联网银行有效补充了商业银行传统授信业务的短板。

但是互联网银行也分流了商业银行的部分客群。借助大数据和人工智能等技术，互联网银行的用户体验远优于商业银行，它具备“线上服务”“秒批秒贷”“一天多贷”“按天还贷”“按日计息”“随借随还”等传统银行信贷业务无法超越的优势，导致商业银行损失了大量优质客户。其次，由于背靠各大互联网公司，在当前信息化时代下，互联网银行具备天然的营销优势，产品触达的范围更广，可以借助微信、QQ、支付宝这类生活化平台进行产品推广。此外，互联网银行借助天猫、淘宝、京东、阿里巴巴等电商平台，在消费、交易的各个环节随时向客户提供信贷支持，甚至将服务植入到日常生活、经营的各个场景中，并提供配套的现金管理工具和人性化服务，紧紧占据了小额信贷业务的高地，可以说互联网银行提供的不仅仅是贷款，而是围绕资金运转的全流程服务。

在数字化的大趋势下，各大商业银行也开始了数字业务探索，目前主要是有大数据技术改进授信模式，或者与互联网银行合作开展联合贷款、转贷款等业务，但是各大商业银行在产品灵活性、客户触达、配套服务等方面仍存在明显劣势。

由于互联网银行的服务均在线上完成，难免存在数据造假、黑客攻击、诈骗等风险，而传统商业银行以抵押、实地走访等线下模式进行授信评估和管理，尤其是对于“大而重”的项目，人工管理的优势突出，所以商业银行不可能完全被互联网银行取代，未来将形成二者互相补充、各具特点的银行业格局。

四、案例总结

互联网银行的数字技术优势使其紧紧抓住了小微信贷领域，授信规模呈现跳跃式增长，并且伴随着智能设备的普及、数字化技术的发展，越来越多的互联网金融产品被开发和创造，将更加有效地改善小微信贷服务体验，形成一个全流程、全链路的小微服务生态体系。然而，这样一个强数字化的生态模式也对网络安全技术提出了更高的要求。同时，传统商业银行如何借助数字化的东风，快速调整市场定位、改进服务模式，还需要大量体制和机制上的设计。此外，金融数字化的发展迫切需要政务数据加快公开和整合，这需要在企业、金融机构、政府部门之间形成统一的数据接口，通过顶层设计和统一规划形成完整的数据链条。

参考文献

［1］新华社. 习近平：在民营企业座谈会上的讲话［EB/OL］.（2018-11-01）［2020-10-20］. http://www.xinhuanet.com/politics/2018-11/01/c_1123649488.htm.

［2］新华社. 习近平：深化金融供给侧结构性改革增强金融服务实体经济能力［EB/OL］.（2019-02-23）［2020-10-20］. http://cpc.people.com.cn/big5/n1/2019/0223/c64094-30898520.html.

［3］凤凰网财经. 重磅！微众银行企业+合作伙伴大会，亮出3 000万个新引擎计划［EB/OL］.（2020-10-20）［2020-10-20］. https://finance.ifeng.com/c/80jHcLZB6mG.

［4］人民日报. 大数据，倒逼政务公开升级［EB/OL］.（2014-11-18）［2020-10-20］. http://www.gov.cn/xinwen/2015-11/18/content_5013741.htm.

［5］张晓朴，姚勇. 互联网银行风险管理：基于传统银行的比较研究［J］. 新金融评论，2017（2）：95-118.

［6］张晓朴，姚勇. 互联网银行监管研究［J］. 新金融评论，2017（4）：44-74.

稳健货币政策的使命与担当

阮小莉[1]

一、案例正文

2019年12月召开的中央经济工作会议定调2020年中国经济工作，明确继续实施积极的财政政策和稳健的货币政策。这是自2011年以来，中国连续十年实施这一政策组合。其中，稳健的货币政策要灵活适度，保持流动性合理充裕，货币信贷、社会融资规模增长要同经济发展相适应，降低社会融资成本。要深化金融供给侧结构性改革，疏通货币政策传导机制，增加制造业中长期融资，更好缓解民营和中小微企业融资难、融资贵问题。

2020年是全面建成小康社会和“十三五”规划的收官之年，也是“十四五”规划的关键之年。而全球政治经济局势复杂且严峻，中国经济金融体系面临的外部不确定性有所加大，特别是2020年年初突然爆发的新冠肺炎疫情对经济带来严重冲击。面对复杂局面，金融系统紧紧围绕服务实体经济、防控金融风险、深化金融改革三项任务，坚持实施稳健的货币政策，全力做好“六稳”“六保”工作（“六稳”指的是稳就业、稳金融、稳外贸、稳外资、稳投资、稳预期工作。“六保”指的是保居民就业、保基本民生、保市场主体、保粮食能源安全、保产业链供应链稳定、保基层运转），为疫情防控、经济恢复增长提供有力支持。

2020年以来，人民银行积极应对疫情带来的新挑战，稳健的货币政策更加灵活、精准，人民银行通过降低存款准备金率、再贷款再贴现利率、创新直达实体经济的货币政策工具等方式，引导金融机构加大对实体经济特别是加大对小微企业和民营企业的资金支持力度。

---

① 阮小莉，西南财经大学金融学院教授。

（一）2020 年上半年人民银行 3 次降准，加权平均存款准备金率下降约 1 个百分点，降准释放流动性 1.75 万亿元

为支持实体经济发展，降低社会融资实际成本，人民银行 2020 年 1 月 6 日下调金融机构存款准备金率 0.5 个百分点（不含财务公司、金融租赁公司和汽车金融公司）。此次降准是全面降准，体现了逆周期调节，释放长期资金 8 000 多亿元，有效增加金融机构支持实体经济的稳定资金来源，降低了金融机构支持实体经济的资金成本，直接支持实体经济。

随着新冠肺炎疫情爆发，人民银行 2020 年 3 月 16 日实施普惠金融定向降准，对达到考核标准的银行定向降准 0.5 至 1 个百分点。在此之外，对符合条件的股份制商业银行再额外定向降准 1 个百分点，支持发放普惠金融领域贷款。此次定向降准共释放长期资金 5 500 亿元，其中对达到普惠金融定向降准考核标准的银行释放长期资金 4 000 亿元，对符合条件的股份制商业银行再额外定向降准 1 个百分点，释放长期资金 1 500 亿元。

为支持实体经济发展，促进加大对中小微企业的支持力度，降低社会融资实际成本，中国人民银行决定对农村信用社、农村商业银行、农村合作银行、村镇银行和仅在省级行政区域内经营的城市商业银行定向下调存款准备金率 1 个百分点，于 2020 年 4 月 15 日和 5 月 15 日分两次实施到位，每次下调 0.5 个百分点，共释放长期资金约 4 000 亿元。中国人民银行决定自 2020 年 4 月 7 日起将金融机构在中国人民银行的超额存款准备金利率从 0.72%下调至 0.35%。

上述三次降准分别降低银行资金成本每年约 150 亿元、85 亿元和 60 亿元，共释放长期资金约 1.75 万亿元。如此高频率的降准，既体现了逆周期调控逐渐发力，又说明疫情防控和经济恢复发展面临的紧迫性。

存款准备金制度，也就是法定存款准备金制度，是指在国家法律所给予的权力范围内，通过规定和调整商业银行交存中国人民银行的存款准备金率，控制商业银行的信用创造能力，间接地调节社会货币供应量的政策工具。存款准备金制度的初始意义在于保证商业银行的支付和清算，之后随着金融制度的发展，其逐渐演变成中国人民银行调控货币供应量的政策工具。其中，存款准备金是指金融机构为保证客户提取存款和资金清算需要而准备的，是缴存在中央银行的存款，中央银行要求的存款准备金占其存款总额的比例就是法定存款准备金率。

存款准备金制度起源于 18 世纪的英国，它最初的主要功能是政府变相地向商业银行征税。英国 1928 年通过的《通货与银行券法》、美国 1913 年的《联邦储备法》和1935年的《银行法》，都以法律形式规定商业银行必须向中央银行缴存存款准备金。由于1929—1933年世界经济危机爆发，各国普遍认识到限制商业银行信用扩张的重要性，凡实行中央银行制度的国家都仿效英美等国的做法，纷纷以法律形式规定存款准备金的比例，并授权中央银行按照货币政策的需要随时加以调整。存款准备金制度成为保证银行支付清算、控制货币供应量和稳定市场利率的重要货币政策工具。

中国从1979年开始进行经济体制改革，先后分设了中国农业银行、中国银行、中国工商银行，并恢复了交通银行，组建了一些区域性的银行和非银行金融机构。1983年9月17日，国务院决定中国人民银行专门行使中央银行职能，中国人民银行依法建立了存款准备金制度。1986年1月7日，国务院颁布《中华人民共和国银行管理暂行条例》，对存款准备金制度进一步作了法律规定。

准备金制度刚建立时，对不同存款规定了不同的法定存款准备金率。中国人民银行将法定存款准备金率，企业存款为20%，城镇储蓄存款为40%，农村存款为25%。1985年1月1日改为统一的法定准备率，并降为10%。中国人民银行从1998年3月21日起，对存款准备金制度又一次进行了改革，主要内容是：将原来各金融机构在中国人民银行的准备金存款和备付金存款两个账户合并，称为准备金存款账户。从2004年4月25日起，中国人民银行实行差别存款准备金率制度，即对不同类型的金融机构收取不同比例的法定准备金。2015年9月11日中国人民银行发布公告，为进一步完善存款准备金制度，优化货币政策传导机制，增强金融机构流动性管理的灵活性，中国人民银行决定自2015年9月15日起改革存款准备金考核制度，由时点法改为平均法考核。

截至2020年5月末，金融机构平均存款准备金率为9.4%，其中大型银行包括国有大型银行存款准备金率为11.0%，中型银行包括股份制商业银行存款准备金率为9.0%，小型银行包括4 000多家农村商业银行、农村合作银行、农村信用社和村镇银行存款准备金率为6.0%，符合条件的大、中型银行可享受普惠金融定向降准政策优惠，符合条件的小型银行可享受新增存款一定比例用于当地贷款的考核政策的优惠。上述为优惠政策后的存款准备金率。

（二）稳健货币政策分层次、有梯度地出台

根据疫情防控和经济社会恢复发展的阶段性特征，稳健货币政策分层次、有梯度地出台。在疫情爆发初期，中国人民银行于1月31日设立了第一批 3 000 亿元的专项再贷款，支持银行向医疗和生活物资重点企业提供优惠利率贷款，财政给予 50%贴息后，企业实际融资成本很低。3 000 亿元专项再贷款使用实行名单制管理，定向支持 7 600 多家直接参与防疫的重点企业，有力支持医疗和生活物资保供任务。

在疫情蔓延势头得到初步控制、企业进入有序复工复产阶段，中国人民银行于 2 月 26 日增加第二批 5 000 亿元的再贷款再贴现额度，商业银行以不超过一年期贷款市场报价利率（当时为 4.05%）+50 个基点发放贷款，实际执行的平均利率约为 4.4%。5 000 亿元再贷款再贴现支持了近 60 万家企业复工复产。

在疫情防控取得重大阶段性成果、生产生活秩序加快恢复阶段，中国人民银行于 4 月 20 日增加第三批 1 万亿元的普惠性再贷款再贴现额度，支持银行加大对涉农、小微和民营企业的信贷投放力度，将企业平均融资成本控制在 5.5%以内，预计支持超过 200 万家企业等市场主体。

（三）创新直达实体经济的货币政策工具，注重增强直达性、精准性

按照 2020 年政府工作报告要求，中国人民银行于 2020 年 6 月 1 日发布了两项直达实体经济的货币政策工具，通过适当提供央行资金支持，推动银行积极办理企业贷款延期还本付息和普惠小微企业信用贷款。截至 2020 年 8 月末，银行已累计对 157 万家市场主体的贷款本金和 81 万家市场主体的贷款利息实施了延期，共涉及 3.7 万亿元到期贷款本息；2020 年 3 月至 8 月，银行累计发放普惠小微信用贷款超过 3 000 万笔，共计 1.89 万亿元，比 2019 年同期多 6 300 亿元。同时，中国人民银行扎实做好金融支持精准脱贫工作，助力全面建成小康社会。截至 2020 年 6 月末，全国贫困人口及已脱贫人口贷款余额近 7 500 亿元，惠及人数超过 2 000 万。

总的来看，稳健的货币政策取得积极成效，货币信贷和社会融资规模合理增长，有力支持了经济稳步恢复。9 月末，广义货币供应量（M2）与社会融资规模同比增速分别为 10.9%与 13.5%，前 9 个月人民币贷款新增 16 万亿元，都明显高于 2019 年同期。普惠小微企业、民营企业、制造业等贷款利率均降至历史新低。信贷结构明显优化，支持小微经营主体 3 100 多万户。2020 年第二季度以来，中国经济逐月复苏，9 月 CPI 同比涨幅为 1.7%。金融管理部门通过深化贷款市场报价利率（LPR）改革促进降低贷款利率、实施两项直达货币政策工具、减少收费等方式，推动金融部门向实体经济让利。据估算，截至 2020 年 9 月末，已实现让利超过 1.1 万亿元。预计随着各项政策措施效果进一步体现，全年可实现让利 1.5 万亿元目标。

2020年，在一系列政策措施的作用下，前三季度金融体系运行总体平稳。稳健的货币政策体现了前瞻性、精准性和时效性，大力支持疫情防控、复工复产和实体经济发展，金融风险有效防控，金融服务实体经济的质量和效率逐步提升。

二、案例的思政元素

（一）稳健的货币政策是习近平新时代中国特色社会主义经济思想的具体体现

习近平新时代中国特色社会主义思想，是对党的十八大以来我们党理论创新成果的最新概括和表述，是全党全国各族人民为实现中华民族伟大复兴而奋斗的行动指南。中国特色社会主义理论体系的精髓是解放思想、实事求是、与时俱进、求真务实。解放思想、实事求是是马克思主义思想路线的本质要求，是中国特色社会主义理论体系的精髓。把马克思主义普遍真理和我国具体实际结合起来，走自己的路，发展中国特色社会主义。解放思想是发展中国特色社会主义的一大法宝，与时俱进是马克思主义的理论品质，求真务实是党的思想路线的核心。实事求是，当今世界正经历百年未有之大变局，我国正处于实现中华民族伟大复兴的关键时期，中国特色社会主义开启新征程，我国经济运行正处于向高质量发展转变的关键时期，当前境外疫情和世界经济形势依然复杂严峻。具有中国特色的稳健的货币政策，始终根据市场形势和经济增长需要，保持流动性合理充裕，保持政策稳定。

（二）稳健的货币政策是中国特色社会主义制度自信的具体体现

制度优势是一个国家的最大优势。中国特色社会主义是党和人民在长期实践探索中形成的科学制度体系。中华人民共和国成立70年的实践证明，中国特色社会主义制度具有无比的优越性，它“有利于保持党和国家活力、调动广大人民群众和社会各方面的积极性、主动性、创造性，有利于解放和发展社会生产力、推动经济社会全面发展，有利于维护和促进社会公平正义、实现全体人民共同富裕，有利于集中力量办大事、有效应对前进道路上的各种风险挑战，有利于维护民族团结、社会稳定、国家统一”。此次疫情面前，集中力量办大事的制度优势发挥得淋漓尽致，使我们更加深刻地理解中国特色社会主义制度，坚定制度自信。货币是金融体系的血液，我国货币政策是国家制度的重要组成部分。无论是坚持和完善中国特色社会主义制度，还是把我国制度优势更好转化为国家治理效能，在推动经济高质量发展中牢牢把握我国发展的重要战略机遇期，都要求我们坚守币值稳定目标，实施稳健的货币政策。货币政策要找准时代使命、履行时代担当。

（三）稳健的货币政策是金融服务实体经济的本质体现

金融是现代经济的核心，金融发展的根基是实体经济。离开了实体经济，金融就会成为无源之水、无本之木。而经济的发展又会依托金融，促进金融的发展。金融供给侧结构性改革任务艰巨，融资难、融资贵是中小微企业面临的现实难题。一方面，由于我国金融体系自身的制度设计缺少为中小微企业的金融支持的条款，另一方面，中小微企业存在的缺少合格抵押品、信息不对称、生命周期不稳定、财务制度不健全、交易成本高等问题，进一步削弱了金融机构服务中小微企业的意愿。坚持金融服务实体经济是做好金融工作的总体要求。金融是实体经济的血脉，为实体经济服务是金融的天职，是金融的宗旨，也是防范金融风险的根本举措。金融工作要回归本源，服从服务于经济社会发展，服务实体经济是金融的出发点和归宿。金融机构对实体经济的支持必须“脱虚向实”，加速金融活水流向实体经济。在新冠肺炎疫情的冲击下，实体企业受市场萎缩和成本增加的双重挤压，现金流更加紧张。而稳健的货币政策更加灵活适度、精准导向，综合运用并创新多种货币政策工具，保持流动性合理充裕。有效发挥结构性货币政策工具的精准滴灌作用，提高政策的“直达性”。深化金融供给侧结构性改革，引导大银行服务重心下沉，推动中小银行聚焦主责主业，健全具有高度适应性、竞争力、普惠性的现代金融体系。引导金融机构加大对实体经济的支持力度，重点加强对民营、小微、“三农”等薄弱领域的金融支持，推动金融机构向实体经济合理让利，增强金融普惠性。

三、案例使用说明

（一）案例教学适用范围

本案例为分析型案例，适用于本科生的“货币金融学”课程中货币政策知识点的教学。

（二）案例教学目标

1. 知识目标

（1）理解货币政策、存款准备金制度的概念。

（2）掌握货币政策、存款准备金制度的作用机理及其运用。

2. 能力目标

（1）系统思维能力。教师对货币政策及其政策工具的相关概念、运行机制进行讲解，帮助学生形成科学、系统、全面分析货币政策的调整如何影响经济社会发展的思维能力。

（2）判断实践能力。结合案例，设置两个问题让学生讨论分析。通过讨论和总结，帮助学生学会分析解读货币政策、经济金融现象，培养学生分析问题和解决问题的能力。

3. 价值目标

（1）形成专业意识。掌握货币政策及其政策工具的作用机制及其运用。解读稳健货币政策的目的、手段、政策效果。养成关注跟踪经济金融政策、经济金融问题的学习和思考习惯。

（2）提高职业素养。通过案例学习，并融入习近平新时代中国特色社会主义经济思想和社会主义核心价值观，使学生在学习专业知识的同时，切身感受我国货币政策的时代使命和时代担当，更加深刻理解中国特色社会主义制度，坚定制度自信。增强学生对国家、社会的责任感与使命感，激发学生的学习热情，激励学生自觉把个人的理想追求融入国家和民族的事业，为中国特色社会主义培养大批可靠的接班人。

（三）案例讨论的准备工作

（1）学生提前预习货币政策的相关知识，对货币政策目标、货币政策工具等有大致的认识。

（2）学生提前查阅相关资料，了解近年来我国货币政策的具体实施情况。

（四）启发思考题及分析

1. 启发思考题

（1）结合案例，分析具有中国特色的稳健的货币政策的内涵及实施手段。

（2）结合案例，分析普惠金融定向降准和中小银行定向降准的作用和意义。

2. 分析思路

以上两个思考题是基于货币政策知识点而提出的。具体分析思路如下：

（1）考查理论知识点：稳健货币政策的内涵、意义以及实施手段。参考答案如下：

货币政策，是指中国人民银行为实现其特定的经济目标而采用的各种控制、调节货币供应量和信用量的方针、政策及措施的总称。它既是一项主要的宏观经济调控政策，更是一国经济主权的重要基石，主要包括本币制度（或货币制度）、调控目标、调控机制、调控工具和调控政策等。“稳健”的含义为“稳而有力”。所谓稳健的货币政策，其含义是指以币值稳定为目标，正确处理防范金融风险与支持经济增长的关系，在提高贷款质量的前提下，保持货币供应量适度增长，支持国民经济持续快速健康发展。稳健的货币政策是具有中国特色的一种提法，它讲的是制定货币政策的指导思想和方针，它不同于经济学教科书关于货币政策操作层面的提法（如“宽松的”货币政策、“中性的”货币政策或“紧缩的”货币政策）。稳健的货币政策与稳定币值目标相联系，它包含既防止通货紧缩又防止通货膨胀两个方面的要求，它不妨碍根据经济形势需要对货币政策实行或扩张、或紧缩的操作。“稳健”就是对我国货币政策体系和目标的一个客观描述和概括，也就是具有中国特色的货币政策的最好诠释。

中国特色的稳健的货币政策是1998年以后逐渐形成的。当时中央提出稳健货币政策的背景：一是经过20世纪90年代初的房地产和开发区热，到1997、1998年，部分中小金融机构的风险问题已相当突出，当时中国政府和中国人民银行面临化解金融风险和防范出现新的更严重金融风险的重要任务。二是尽管当时社会总需求不足的矛盾已经暴露，但是最突出的还是结构性问题，实际有效贷款需求不足。三是由于过去我国长期实行以银行间接融资为主的金融体制，企业高负债经营，自有资金比例很低，再继续大幅度增加贷款，不良贷款问题会更加突出。1998年以来的实践证明，实行稳健的货币政策取得了巨大的成功。

“稳健”始终是我国货币政策的主基调。坚持这一主基调，我国的货币政策实践既有效支持了国民经济健康可持续发展和人民生活水平提高，维护了经济社会生活秩序稳定，又积极推进了金融体制的市场化改革，抵御了多次国际金融危机的严重冲击，取得了举世公认的伟大成就，给发展中国家制定货币政策、完善宏观调控提供了可借鉴的宝贵经验。特别是2020年以来稳健的货币政策更加灵活适度、精准导向，综合运用并创新多种货币政策工具，体现了其前瞻性、精准性和时效性，大力支持疫情防控、复工复产和实体经济发展，金融风险有效防控，金融服务实体经济的质量和效率逐步提升。存量浮动利率贷款定价基准转换顺利完成，贷款市场报价利率改革红利持续释放，货币传导效率增强，贷款利率明显下降，人民币汇率总体稳定，双向浮动弹性提升，发挥了宏观经济稳定器功能。

（2）考查理论知识点：法定存款准备金率政策及其运用。参考答案如下：

降准是中国人民银行货币政策之一。中国人民银行降低法定存款准备金率，影响银行可贷资金数量从而增大信贷规模，提高货币供应量，释放流动性，刺激经济增长。降准可以划分为全面降准和定向降准。全面降准指的是中国人民银行全方面地降低所有金融机构的存款准备金率，这往往被市场看作是货币政策全面宽松的信号，其更多地是为了应对整体的经济风险和经济下滑压力。定向降准是指中国人民银行只针对某金融机构，定向地降低其存款准备金率，以鼓励金融机构将更多的资金配置到实体经济中需要支持的行业和领域。定向降准属于金融支持实体经济的正向激励举措，与全面降准相比，它更具有针对性，有利于将金融资源更好地投放到"三农"、小微企业等薄弱环节，从而促进经济结构的调整。此举既能增加金融机构的可贷资金，又能降低"三农"、小微企业的融资成本，同时也能起到一定的稳定经济增长作用，从而在调结构、促改革、惠民生协同并进中稳定经济增长。定向降准是对传统降低准备金率的重大突破，中国人民银行一直注重创新调控方式，在保持总量适度的基础上，适当发挥结构引导作用。运用差异化的存款准备金政策支持结构调整就是其中的一种探索，2014 年开始对小微企业和"三农"领域实施定向降准政策，2018 年起建立普惠金融定向降准年度考核制度。

普惠金融定向降准。随着新冠肺炎疫情爆发，中国人民银行 2020 年 3 月 16 日实施普惠金融定向降准，对达到考核标准的银行定向降准 0.5 至 1 个百分点。在此之外，对符合条件的股份制商业银行再额外定向降准 1 个百分点，支持发放普惠金融领域贷款。第一，定向降准如何支持实体经济发展？定向降准共释放长期资金 5 500 亿元，其中对达到普惠金融定向降准考核标准的银行释放长期资金 4 000 亿元，对符合条件的股份制商业银行再额外定向降准 1 个百分点释放长期资金 1 500 亿元。每年还可直接降低相关银行付息成本约 85 亿元，通过银行传导有利于促进降低小微、民营企业贷款实际利率，直接支持实体经济。此次对普惠金融实施定向降准政策，是根据国务院部署对原有定向降准政策的拓展和优化，以更好地引导金融机构发展普惠金融业务。定向降准的作用与意义不仅仅是增强了银行体系的流动性，更重要的是建立了一种鼓励发展普惠金融的机制，可以有效刺激商业银行将更多的资金投入小微企业和三创型企业，提高金融服务实体经济的能力。第二，普惠金融定向降准的具体内容。中国人民银行自 2018 年起建立普惠金融定向降准年度考核制度，对普惠金融领域贷款占比达到一定比例的大中型商业银行给予 0.5 个百分点或 1.5 个百分点的准备金率优惠。普惠金融领域贷款包括农户生产经营贷款、建档立卡贫困人口消费贷款、助学贷款、创业担保贷款、个体工商户经营性贷款、小微企业主经营性贷款、单户授信小于1 000万元的小型企业贷款、单户授信小于1 000万元的微型企业贷款。考核对象包括大型银行、股份制银行、城市商业银行、较大的农村商业银行和外资银行。人民银行完成了2019年度考核，一些达标银行由原来没有准备金率优惠变为得到0.5个百分点准备金率优惠，另一些银行由原来得到0.5个百分点优惠变为得到1.5个百分点优惠，总的来看，中国人民银行对这些达标银行定向降准了0.5至1个百分点。第三，对符合条件的股份制商业银行再额外定向降准。以股份制商业银行为代表的中型银行是我国银行体系的重要组成部分。考虑到去年中国人民银行已对符合条件的农村商业银行和城市商业银行实施过定向降准，此次普惠金融定向降准中所有大型商业银行都将得到1.5个百分点的准备金率优惠，为发挥定向降准的正向激励作用，支持股份制银行发放普惠金融领域贷款，同时优化“三档两优”存款准备金率框架，对得到0.5个百分点准备金率优惠的股份制商业银行再额外定向降准1个百分点，同时要求将降准资金用于发放普惠金融领域贷款，并且贷款利率明显下降，从而加大对小微、民营企业等普惠金融领域的信贷支持力度。

“三档两优”，是中国人民银行2019年5月6日首次明确提出的存款准备金制度框架。“三档两优”兼顾了防范金融风险和服务实体经济，特别是服务小微企业，有利于优化结构。第一档，对大型银行，实行高一些的存款准备金率，体现防范系统性风险和维护金融稳定的要求；第二档，对中型银行实行较低一档的存款准备金率；第三档，对服务县域的银行实行较低的存款准备金率。“两优”是指在三个基准档次的基础上还有两项优惠：一是大型银行和中型银行达到普惠金融定向降准政策考核标准的，可享受0.5个或1.5个百分点的存款准备金率优惠；二是服务县域的银行达到新增存款一定比例用于当地贷款考核标准的，可享受1个百分点的存款准备金率优惠。

中小银行定向降准。为支持实体经济发展，促进加大对中小微企业的支持力度，降低社会融资实际成本，中国人民银行决定对农村信用社、农村商业银行、农村合作银行、村镇银行和仅在省级行政区域内经营的城市商业银行定向下调存款准备金率1个百分点，于2020年4月15日和5月15日分两次实施到位，每次下调0.5个百分点，共释放长期资金约4 000亿元。中国人民银行决定自2020年4月7日起将金融机构在央行超额存款准备金利率从0.72%下调至0.35%。第一，定向降准对象为什么选择中小银行？定向降准面向中小银行，包括两类机构：一类是农村信用社、农村商业银行、农村合作银行、村镇银行等农村金融机构；另一类是仅在省级行政区域内经营的城市商业银行。获得定向降准资金的中小银行有近 4 000 家，在银行体系中家数占比为 99%，它们数量众多、分布广泛，立足当地、扎根基层，是服务中小微企业的重要力量。存款准备金率下调后，中小银行的可贷资金进一步增加，中小银行的服务对象大部分是中小微企业，有助于引导其以更优惠的利率向中小微企业发放贷款，扩大涉农、外贸和受疫情影响较严重产业的信贷投放，增强对实体经济恢复和发展的支持力度，有利于在当前的情况下精准纾困。第二，中小银行定向降准如何支持实体经济？定向降准可释放长期资金约 4 000 亿元，平均每家中小银行可获得长期资金约 1 亿元，可有效增加中小银行支持实体经济的稳定资金来源，还可降低银行资金成本每年约 60 亿元，通过银行传导有利于促进降低小微、民营企业贷款实际利率，直接支持实体经济。定向降准分 2020 年 4 月 15 日和 2020 年 5 月 15 日两次实施到位，防止一次性释放过多导致流动性淤积，确保降准中小银行将获得的全部资金以较低利率投向中小微企业。此次降准后，超过 4 000 家的中小存款类金融机构（包括农村信用社、农村商业银行、农村合作银行、村镇银行、财务公司、金融租赁公司和汽车金融公司等）的存款准备金率已降至 6%，从我国历史上以及发展中国家情况看，6%的存款准备金率是比较低的水平。第三，中国人民银行下调超额准备金利率。超额准备金是存款类金融机构在缴足法定准备金之后，自愿存放在央行的钱，由银行自主支配，可随时用于清算、提取现金等需要。人民银行对超额准备金支付利息，其利率就是超额准备金利率，2008 年从 0.99%下调至 0.72%后，一直未做调整。此次央行将超额准备金利率由 0.72%下调至 0.35%，可推动银行提高资金使用效率，促进银行更好地服务实体经济特别是中小微企业。

四、案例总结

货币政策既是一项主要的宏观经济调控政策，更是一国经济主权的重要基石，货币政策的内容主要包括最终目标、中间目标、政策工具和调控机制等。学好货币政策，不仅需掌握以上内容，还需要通过本案例，了解我国货币政策的实施情况，理解具有中国特色的稳健货币政策的内涵、意义以及实施手段。从而感受新时代我国稳健货币政策的使命与担当，坚定中国特色社会主义道路自信、理论自信、制度自信和文化自信。

参考文献

[1] 易纲. 坚守币值稳定目标 实施稳健货币政策 [J]. 求是, 2019 (23): 58-64.

[2] 易纲. 央行行长易纲: 坚持稳健的货币政策 坚定支持保市场主体稳就业 [EB/OL]. (2020-10-21) [2020-11-02]. http://www.financeun.com/newsDetail/35428.shtml? platForm=jrw.

[3] 王国刚. 新中国70年践行稳健货币政策的历史经验 [J]. 经济研究信息, 2019 (10): 53-57.

[4] 蒋先玲. 货币金融学 [M]. 北京: 机械工业出版社, 2017.

蚂蚁科技暂缓上市

李 凤[①]

一、案例正文

2014年，支付宝的母公司宣布以其为主体筹建小微金融服务集团，并以“蚂蚁金服”命名（2020年7月蚂蚁金服正式更名为蚂蚁集团）。

从首创担保交易，到快捷支付、310贷款、余额宝、收钱码等产品的推出，这只金融“蚂蚁”的每一步重要发展，挑动传统金融监管的神经，甚至影响着中国金融的创新、监管和发展进程。

时至今日，蚂蚁各项金融科技业务服务了10亿国内消费者和8 000万的小微商家，并因此获得了资本市场高度认可。

计划在科创板上市的蚂蚁集团，获得了包括社保基金在内的29家顶级战略投资者青睐，总市值达2.1万亿元，有望成为历史上全球最大规模首次公开募股（IPO）。

回顾蚂蚁集团的上市时间表，从其宣布上市计划到IPO申请，到证监会同意注册，再到申购中签，用时仅100天。

以下为蚂蚁集团IPO的时间轴：

2020年7月20日，支付宝母公司蚂蚁集团“官宣”启动上市计划，计划将在科创板和香港交易所同时上市；

2020年8月14日，中国证监会（以下简称“证监会”）浙江监管局官网公示蚂蚁集团辅导备案文件。

2020年8月24日，证监会受理蚂蚁集团境外首次公开发行股份审批材料。

2020年8月25日，上海证券交易所受理蚂蚁集团的科创板上市申请。蚂蚁集团同时向上海证券交易所和香港交易所递交了招股书，上市迈出了关

① 李凤，西南财经大学证券与期货学院副教授。

键的一步。

2020 年 8 月 31 日，上海证券交易所官网显示，蚂蚁集团科创板 IPO 审核状态变更为已问询。

2020 年 9 月 7 日，公司回复了科创板上市委的首轮问询。

2020 年 9 月 18 日，蚂蚁集团成功过会。从正式递交申报稿到上会，蚂蚁集团用时 25 天，仅次于中芯国际（19 天）。

2020 年 9 月 22 日，上海证券交易所官网显示，科创板拟上市公司蚂蚁集团提交注册。

2020 年 10 月 13 日，蚂蚁集团收到证监会有关其申请赴港上市的行政许可决定书。

2020 年 10 月 21 日，证监会同意蚂蚁科技集团股份有限公司科创板 IPO 注册。

2020 年 10 月 26 日，蚂蚁集团发布首次公开发行股票并在科创板上市发行公告，确定发行价格。

2020 年 10 月 27 日，蚂蚁集团网上路演。

2020 年 10 月 29 日，蚂蚁集团开启线上线下同步申购。

2020 年 10 月 29 日晚间，蚂蚁集团发布 A 股网上发行申购情况和中签率公告。

2020 年 11 月 2 日，网上打新中签结果公布。

2020 年 11 月 2 日，中国银保监会和中国人民银行发布了《网络小额贷款业务管理暂行办法（征求意见稿）》。

2020 年 11 月 3 日，上海证券交易所发布决定，暂缓蚂蚁集团在上海证券交易所科创板上市。

二、案例的思政元素

（一）处理好发展、稳定、改革的关系

改革、发展和稳定，关系党和国家工作的大局，关系现代化建设事业的顺利发展。

第一，保持改革、发展、稳定在动态中的相互协调和相互促进。稳定是前提，但稳定是相对的，不能因为改革有风险就不改革或者在改革中裹足不前，也不能因为在发展中可能出现不协调不平衡就不致力于发展。

第二，把改革的力度、发展的速度和社会可以承受的程度统一起来。要提高改革决策的科学性，增强改革措施的协调性，更加注重发展的公平性，

改革和发展要始终注意适应国情和社会的承受能力。

第三，把不断改善人民生活作为处理改革、发展、稳定关系的重要结合点。人民群众是改革发展的主体和动力，是稳定的力量源泉和深厚基础。改善人民生活，让人民共享改革和发展的成果，是我们致力于发展、积极推进改革、坚持维护稳定的共同目的。

以阿里巴巴为主的互联网公司推动了金融科技与金融创新的快速发展，一方面它们以信息技术为中国的金融服务带来了前所未有的变革，但同时它们也引发了一定的潜在金融风险，比如垄断和不公平竞争，产品和业务边界模糊，信息技术可控性、稳定性风险，数据泄露与侵权风险，系统性风险等。

金融体系的改革同样包含在整体的改革开放中，所以我们必须处理好金融发展、金融稳定和金融安全的关系，更好维护金融消费者的权益，维护投资者的利益，维护资本市场的长期健康发展。通过改革丰富金融、科技和实体经济的业务生态，夯实金融行业和社会发展的长远根基。

（二）处理好政府与市场的关系

处理好政府和市场的关系，使市场在资源配置中起决定性作用和更好地发挥政府作用，是推进供给侧结构性改革的重大原则。经济体制改革的核心问题是处理好政府和市场关系。

处理好政府和市场的关系，要厘清政府与市场发挥作用的边界。经济发展的主体力量在市场，人民群众是创造财富的主体。政府应侧重于为市场主体创造良好的发展环境，通过保护市场主体的合法权益和公平竞争，激发社会成员创造财富的积极性，增强经济发展的内在动力。在新常态下，应进一步划清政府和市场的边界，凡属市场能解决的，政府要简政放权、松绑支持，不要干预；凡属市场不能有效解决的，政府应当主动补位，该管的要坚决管、管到位、管出水平，避免出问题。必须明确，更好发挥政府作用，不是要更多发挥政府作用，而是要在保证市场发挥决定性作用的前提下，管好那些市场管不了或管不好的事情。

金融的创新往往伴随着对传统制度、体系和结构的“破坏”，这一“破坏性创新”的特质令监管陷入两难：过于严苛容易阻碍了金融创新，过于宽松又容易放任风险的蔓延。此次，《网络小额贷业务管理暂行办法（征求意见稿）》的发布并不是一时兴起，而是相关部门在衡量互联网金融发展的情况后深思熟虑的行动。面对大型互联网企业进入金融领域带来的问题和风险，针对我国大型互联网企业建立有效的监管框架，在金融安全和金融创新之间取得平衡已成为时下亟待解决的问题，这也是关乎个人、社会、国家的重要问题。金融资本的扩张是毫无节制的，因此此时需要政府出手，对这类行为说“不”，对它们进行有效监督，维护好市场秩序，规范市场行为，防止其进一步扭曲市场，产生金融风险。市场的发展在政府适度的监督下实现资源配置效益最大化和效率最优化。

（三）防范和化解系统性风险

防范化解重大风险是当前三大攻坚战之一，其中主动防范化解系统性金融风险处在更重要的位置。这一论断体现了未来一段时期内经济和社会工作的重点，体现了强烈的问题导向和底线思维。资本市场在金融运行中具有牵一发而动全身的作用，如果对风险集聚缺乏警觉，当风险积累到一定水平，就会集中爆发并可能酿成系统性风险。面对金融创新，金融监管缺乏制度依据，没有前瞻性考虑，对证券化产品复杂化、底层资产混杂缺乏认识，最终酿成了巨大的灾难。

要把主动防范化解系统性金融风险放在更加重要的位置，科学防范，早识别、早预警、早发现、早处置，着力防范化解重点领域风险，着力完善金融安全防线和风险应急处置机制。

蚂蚁科技作为互联网金融的龙头企业，要求其暂缓上市对其他同类企业有一定的震慑作用。互联网金融行业的贷款业务未像银行业一般接受严格的监管，资产证券化在互联网的加持下愈演愈烈，资产成倍的放大，各类产品的复杂性加剧，若不加以监管，势必引发不可预估的风险。互联网金融业行业集中度较高，风险的传染性势必波及整个金融市场，形成系统风险。蚂蚁集团暂缓上市一方面给监管部门相应的反应时间考虑对互联网金融市场的监管力度，一方面给行业内的企业进行整改的时间，使市场更加规范化。

（四）加强审慎监管，对金融创新保持前瞻性考虑

监管和创新是一对矛盾体。大数据科技公司涉足类似银行贷款的业务势必要加强监管。早些时候，该类公司还未涉及公众贷款，因此监管部门包容性的政策并未阻碍其发展，但随着蚂蚁集团等互联网公司的业务逐渐扩大，甚至与银行形成竞争之势时，监管部门必须要强调监管的一致性，重视新巴塞尔协议的作用和实施。

不管是传统金融机构，还是新兴的金融科技机构，本质上都是在经营金融风险。对于大数据科技公司而言，如果其涉足类似银行的存贷款业务，对于类似的业务必须要有准备金、资本金、杠杆率、流动性等监管要求，保持监管的一致性。因此，对金融创新进行审慎监督时此次蚂蚁科技暂缓上市的出发点，目的是使监管要与创新保持统一前进的速度。

三、案例使用说明

（一）教学用途和教学目标

1. 教学用途

本案例适用于“金融监管”相关章节使用。

2. 教学目标

（1）掌握蚂蚁集团暂缓上市的原因。

（2）思考蚂蚁集团暂缓上市事件带给我们的启示。

（二）案例讨论的准备工作

（1）学生应提前预习金融监管的相关知识，对于证券业监管的发展历程及主要形式有大致的认识。

（2）学生应提前查阅相关资料，了解蚂蚁集团暂缓上市事件的始末，对于暂缓上市事件的原因及启示有自己的思考。

（三）案例分析要点

1. 启发思考题

如何看待蚂蚁集团暂缓上市事件?

2. 分析思路

目前，国家面临着疫情后恢复经济的重要时期，财政政策更加积极，2020 年前三季度创纪录的 16. 26 万亿元新增人民币贷款使得流动性更加宽松。在这个时刻，一方面要采取逆周期宏观政策应对疫情的冲击，另一方面也要防止增加中长期风险。宽松的货币政策短期内起到了稳定市场的作用，但是其负面效应也不容忽视。货币增长过快后，其投向与结构就变得至关重要。如果实体经济与金融背离，宏观杠杆高企、资产价格膨胀、政策边际效益递减等问题就会接二连三地显现出来。

2020 年 10 月 24 日，我国财政部副部长邹加怡在中国金融四十人论坛联合各组委员会成员机构举办的外滩金融峰会上提到，放松监管必须审慎有度。随着疫苗研发取得突破性成果，2021 年全球经济可能加快复苏，金融领域容易出现自我循环、放大杠杆、积累泡沫的情况，因此需要适时调整金融监管政策。疫情倒逼数字经济加快发展，区块链、云计算、大数据、人工智能技术在金融领域广泛应用，传统金融业态正在被重塑。他还表示，要支持金融科技发展，也要坚持“科技向善”，坚持金融支持实体经济、造福社会的价值追求；还要建立、遵循相应的市场规则，防止金融科技诱导过度金融消费，防止金融科技成为规避监管、非法套利的手段，防止金融科技助长“赢者通吃”的垄断。创新不能违背国家的大政方针，不能脱实向虚，“科技向善”有其深刻的内涵。

四、案例总结

目前，蚂蚁集团等“新金融”平台上汇集了包括吸存、放贷、资管、保险等多种金融业务，这些原本分属于不同机构的金融中介职能，通过互联网平台汇集在一起，就容易产生道德危机与利益冲突。

2008 年美国金融危机爆发，其中的一个根本原因就是美国 1999 年通过的《金融现代化法案》允许金融控股集团内部涵盖商业银行、投行、保险等多种金融中介职能，而每个部门之间的“中国墙”其实是半透明的，不同部门之间可以进行隐形的关联交易，这使得风险迅速在整个金融体系中被传导放大。

金融危机后，美国的四大投行不复存在，雷曼兄弟破产，美林被美国银行收购，摩根大通和高盛转型为商业银行。目前，我国金融体系仍以分业经营为主。但是蚂蚁集团等新金融平台却已经形成了事实上的混业经营。对金融体系来说，没有监管的混业经营的潜在风险是巨大的。监管层暂缓蚂蚁集团上市，出台《网络小额贷款业务管理暂行办法（征求意见稿）》都应有这方面的考量。

在信息社会中，数据成为最重要的资源。互联网平台具有天然垄断数据的优势。互联网平台在帮助买卖双方降低交易成本和搜寻成本的同时，也掌握了海量用户数据。一旦对这些海量用户数据形成垄断，企业逐利的本性必然会使得互联网巨头们对数据使用产生新的想法。比如，阿里巴巴逐渐从支付业务发展出余额宝、花呗、借呗、相互宝、帮你投等金融中介服务，从一个电商平台逐步发展为混业经营的金融控股集团，但其又没有受到应有的金融监管，金融风险在其中不断积聚放大是必然的。金融业科技创新是我们着力发展的方向，但我们要时刻注意防范金融风险，避免出现新型的次贷危机，这是出于数字安全和金融安全的考虑，这也是一个出于国家战略高度去考量的问题。

参考文献

[1] 国家安全部党委. 防范化解风险挑战的科学指南：深入学习《习近平谈治国理政》第三卷［EB/OL］.（2020-10-27）［2020-10-30］. http://

theory.people.com.cn/n1/2020/1027/c40531-31906943.html.

［2］秋石. 论正确处理政府和市场关系［J］. 求是，2018（2）：12-15.

［3］深燃. 蚂蚁“翻车”：暂缓上市，谁来买单？［EB/OL］.（2020-11-04）［2020-11-30］.

［4］张威，唐郡，张颖馨，等. 监管蚂蚁：十六年博弈史详解［EB/OL］.（2020-11-22）［2020-11-30］. https://www.huxiu.com/article/395288.html.

我国多层次资本市场体系

马如静[①]

一、案例正文

新闻链接一：推动科创板、创业板和新三板改革，完善多层次资本市场体系

经过多年建设，我国已经初步构建了包括主板（含中小板）、创业板、科创板、新三板、区域性股权市场以及债券、期货等市场在内的多层次资本市场体系，如图1所示。

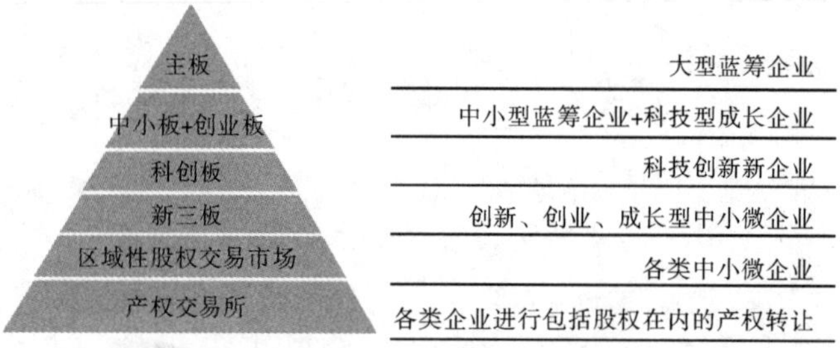

图1　我国多层次资本市场体系

科创板自开市以来，试点注册制平稳落地，关键制度创新经受住了市场检验，市场运行总体平稳，科创板作为资本市场改革“试验田”的建设性和引领性作用得到较好发挥，支持科技创新的品牌效应初步显现。截至2020年7月22日，科创板累计上市公司140家，总市值2.8万亿元，合计融资2 110亿元，平均每家融资15.1亿元。2019年以来，为进一步加强多层次资本市场制度建设，提升资本市场服务实体经济的能力，监管部门推动了创业板和新三板改革。

（一）创业板主要改革措施

推进创业板改革并试点注册制，坚持以信息披露为核心，压实发行人和

① 马如静，西南财经大学金融学院教授。

中介机构责任，加大对违法违规行为的处罚力度。

一是构建市场化的发行承销制度。制订多元包容的上市条件，对新股发行定价不设限制，建立以机构投资者为参与主体的询价、定价、配售等机制。

二是完善交易制度。新股上市前 5 个交易日不设涨跌幅，此后日涨跌幅限制为 20%，存量股票日涨跌幅限制由 10%放宽至 20%。优化盘中临时停牌制度，引入盘后固定价格交易制度。优化转融通机制，推出市场化约定申报。

三是同步推进创业板再融资与并购重组的注册制改革。创业板上市公司并购重组由深交所审核，涉及发行股票或可转换公司债券的，实行注册制。完善创业板小额快速发行方式。

四是强化退市约束。一方面简化退市程序，不再设置暂停上市和恢复上市环节，缩短退市年限；另一方面优化退市标准，取消单一连续亏损退市指标，引入组合类财务退市指标，新增市值持续低于规定标准的退市指标。

五是构建符合创业板特色的持续监管规则体系。强化行业定位和风险因素的披露，突出控股股东、实际控制人的信息披露责任，适当延长未盈利企业重要股东的持股锁定期，提高股权激励制度灵活性。

（二）新三板主要改革措施

坚持服务中小企业发展的初心，通过完善分层，在各层次建立健全适合中小企业特点的发行、交易等市场基础制度，为挂牌企业提供差异化精准服务。

一是新设精选层。在完善提升基础层、创新层的基础上新设精选层，承接完成公开发行的优质企业。结合市场分层，设定差异化的信息披露和公司治理监管要求，将监管资源集中到精选层和风险外溢性高的其他挂牌公司。

二是优化发行制度。一方面引入公开发行机制，允许公开路演、询价，提高投融资效率；另一方面完善定向发行制度，取消单次融资新增股东不得超过 35 人的限制，允许内部小额融资实施自办发行。

三是建立转板上市机制。经过公开发行并在精选层连续挂牌满一年、符合交易所转入板块上市条件的，可以直接向交易所申请转板上市。

四是丰富交易制度。增加基础层、创新层集合竞价的撮合频次，在精选层实行连续竞价交易机制，以适当提高市场的流动性水平。

五是优化投资者结构。结合市场分层实行差异化的投资者适当性标准，适当降低投资者准入门槛。鼓励公募基金依规投资精选层挂牌公司，持续推动保险资金、企业年金等机构投资者资金入市。

（三）对相关制度安排的思考与政策建议

为了满足不同投融资期限结构和风险特征的市场主体投融资需求，应推动建设融资功能完备、基础制度扎实、市场监管有效、投资者合法权益得到有效保护的多层次资本市场体系。下一步，在进一步完善资本市场各组成部分具体交易制度的基础上，应注重通过建章立制、严惩违法违规等方式营造公开公正公平的交易环境，充分发挥市场自我稳定的作用，促进市场真正实现优胜劣汰，从根本上提升资本市场的吸引力和服务实体经济的能力。可考虑重点做好以下工作：

继续推进以信息披露为核心的注册制改革。建立健全以信息披露为核心的股票发行上市制度，明确以投资者需求为导向的信息披露要求，建立公开、透明、高效、便捷的股票发行注册机制，强化资本市场服务实体经济高质量发展的能力。

进一步完善相关法律法规，提高对证券市场违法违规行为的震慑力。新修订的《中华人民共和国证券法》已大幅加大欺诈发行等违法行为处罚力度，但现行《中华人民共和国刑法》（以下简称《刑法》）对欺诈发行、信息披露违法等证券期货犯罪的处罚仍然偏轻，未完全体现“罪刑相适应”原则。建议尽快修订完善《刑法》，提高对欺诈发行、信息披露违法、操纵市场等犯罪行为的刑罚力度。同时，可以利用上海已成立全国首家金融法院的有利契机，发挥金融法院的专业性，增加刑事审判职能，提高对证券违法犯罪的审判、执行效率，增强对证券违法违规行为的震慑力。

强化事中事后监管，切实保护投资者合法权益。建议以新《中华人民共和国证券法》的颁布为契机，充实监管力量并优化监管资源配置，强化对证券市场的事中事后监管，加大对违法违规行为的查处力度。发挥好投资者保护机构的代表人诉讼职能，建设好有中国特色的中小投资者权益保护机制。

新闻链接二：大力发展多层次资本市场 助力构建新发展格局

中共中央政治局委员、国务院副总理刘鹤在2020金融街论坛年会开幕式上发表主旨演讲时强调，大力发展多层次资本市场。坚持“建制度、不干预、零容忍”九字方针，完善资本市场基础制度，提高上市公司质量，优化市场结构，强化信息披露和投资者保护。

2020年是资本市场成立30周年。三十而立的资本市场在推动经济转型、助力新发展格局构建中，将如何更好发挥作用，被各方寄予期望。

业内专家表示，当前，资本市场发展受到前所未有的高度重视。随着各项改革深化和基础制度完善，多层次资本市场体系愈加健全，市场结构不断优化，资本市场服务实体经济、助力构建新格局的独特作用将有效发挥。

（一）枢纽功能被寄予厚望

作为资源配置的枢纽平台，资本市场在金融运行中具有牵一发而动全身的作用，对促进科技创新、资本形成和服务实体经济具有重要意义。

多层次资本市场在价格发现、风险分担、激励创新等方面具有独特优势，有助于优化我国融资结构，提升直接融资比重，提高金融资源配置效率。业内专家分析认为，建设现代化经济体系，增强金融服务实体经济能力，需要进一步促进多层次资本市场体系发展，有效发挥资本市场枢纽功能。

证监会主席易会满此前表示，资本市场作为国民经济的“晴雨表”，既要当好“温度计”，更要做好“助推器”，积极发挥要素资源配置枢纽、政策传导枢纽、风险防范化解枢纽和预期引导枢纽等重要作用，促进科技与资本融合，带动金融和实体经济良性循环。

当前，我国经济进入新的发展阶段。加快形成以国内大循环为主体、国内国际双循环相互促进的新发展格局将是贯穿我国“十四五”期间的一条主线，正深刻影响着我国经济社会发展全局。

加快形成新发展格局，需要更好地发挥多层次资本市场的枢纽作用。中证金融研究院院长张望军表示，资本市场对加快形成新发展格局具有独特作用。新发展格局需要进一步完善金融体系、产品和服务，提高金融体系与供给体系的适配性，资本市场对优化资源配置、推动资本科技和实体经济高水平循环具有枢纽作用。

大力发展多层次资本市场，始终受到党中央国务院高度重视。党的十九大指出，提高直接融资比重，促进多层次资本市场健康发展。2018 年年底召开的中央经济工作会议强调，要通过深化改革，打造一个规范、透明、开放、有活力、有韧性的资本市场。2020 年 4 月，中共中央、国务院印发的《中共中央 国务院关于构建更加完善的要素市场化配置体制机制的意见》提出，完善股票市场基础制度，加快发展债券市场，增加有效金融服务供给，健全多层次资本市场体系。这些决策部署，明确了我国资本市场改革发展的方向。

（二）多层次市场体系渐趋完善

当前，我国多层次资本市场体系不断完善，各项功能有效发挥，有力地支持了我国经济社会发展。

自1990年上海、深圳证券交易所设立至今，我国资本市场走过了30年发展历程。目前，多层次股权市场已经包括主板、科创板、中小板、创业板、新三板、区域性股权市场以及私募股权市场等层次丰富、作用分明的体系。我国债券市场则形成了银行间债市、交易所债市和商业银行柜台等在内的市场体系。

层次分明的资本市场体系，为我国经济发展、创新驱动注入强大动力。特别是2019年开板的科创板，为科技创新企业构建了新的资本平台，开板当年就有70家科创型企业完成上市。目前，科创板上市公司数量达到186家，首次公开募股（IPO）融资金额约占同期A股市场融资的一半，有力推动了要素资源向科技创新领域集聚。

作为直接融资的平台，多层次资本市场在提升直接融资比重、改善融资结构等方面成效显著。当前，我国股票市场和债券市场规模均居全球第二位。沪深股市上市公司数量超过4 000家，2020年年初至今，A股市场新股发行募资和再融资规模合计超过12 000亿元。2020年前9个月，债券发行42万亿元，同比增长25%；债券市场托管余额达到113.8万亿元。中国人民银行发布的社会融资规模增量数据显示，2020年前三季度，企业债券、政府债券和非金融企业境内股票融资三者合计占比达到38.6%，显示我国直接融资比重正大幅提升。

中泰证券首席经济学家李迅雷表示，多层次资本市场对实体经济的支持作用非常明显。目前，我国已经建立起结构较为完善的多层次资本市场体系，这对经济增长、结构调整非常有利。下一步，还需要继续激发多层次市场的建设活力，推进关键领域改革，以此带动市场基础制度完善。

（三）基础制度改革将再深化

2020年以来，随着改革深化和新证券法实施，资本市场各项改革开放政策继续加快落地。注册制改革试点推广、创业板改革深化、新三板精选层落地、推动上市公司质量提升等一系列重大改革举措正在有序推进，资本市场也从增量改革深化到存量改革，整个市场正在发生深刻的结构性变化。

特别值得注意的是，在大力发展多层次市场体系的一系列改革举措中，完善资本市场基础制度，成为全面深化资本市场改革的主题、主线。

此前不久，刘鹤在创业板注册制首批企业上市仪式上发表致辞时指出，

“建制度、不干预、零容忍”是统一的、有机联系的整体，要继续坚持市场化、法治化、国际化方向，扎实做好完善资本市场基础性制度各项工作。

对于未来一段时间资本市场的改革，尤其是加强基础制度建设方面，易会满 2020 年 10 月在金融街论坛上提出了六条具体举措：以注册制改革为龙头，带动资本市场关键制度创新；完善更具包容性、适应性的多层次资本市场体系，不断强化直接融资对实体经济的支持；优化推动各类市场主体高质量发展的制度机制；加强投资端制度建设；健全资本市场法治保障和配套支持制度；稳步推动资本市场制度型开放。

业内专家表示，资本市场是一个内涵丰富、机理复杂的生态系统，深化资本市场改革，促进枢纽作用更好发挥，必须统筹兼顾投资者和融资者、上市和退市、存量和增量等关系的动态平衡。可以预期，随着一系列深化改革举措陆续落地，走过 30 年历程的资本市场，将进入高质量发展的新阶段，助力构建双循环新发展格局。

二、案例的思政元素

上述两个案例都是围绕我国多层次资本市场展开的，通过对案例材料的学习和分析，我们可以提炼如下思政要素：

（一）改革开放促进了我国资本市场的发展，要进一步坚定“四个自信”

改革开放以来，围绕着使市场在资源配置中起决定性作用和更好发挥政府作用，中国经济领域的改革整体推进、重点突破，金融作为经济的血脉，在其中发展迅速，取得了一系列成就。

以我国资本市场发展中的主要事件为例，1990 年上海证券交易所和深圳证券交易所分别成立，2004 年首批中小板企业在深圳证券交易所上市，2009 年创业板首批 28 家企业在深圳证券交易所上市，2013 年新三板正式转变为全国统一场外交易市场，2008 年地方股权交易中心开始试水，2019 年科创板推出，注册制改革逐步推进。至此，我国仅仅用了二十几年的时间，多层次资本市场体系已经初具雏形。

上面的例子只是我国金融领域在改革开放四十多年中所取得的辉煌成就的一个缩影。人民币自 2016 年被国际货币基金组织正式纳入特别提款权（SDR）货币篮子，与美元、欧元、英镑和日元一起，跻身全球最重要储备货币之列，成为第三大权重货币。中国 A 股 2018 年被纳入明晟指数（MSCI Indexes），2019 年又被纳入标普道琼斯指数（S&P Dow Jones Indexes）和富时罗素指数（FTSE Indexes），至此中国 A 股已被全球最著名的三大国际指数的集中纳入。2019 年中国人民币计价国债及政策性银行债券被纳入彭博巴克莱全球综合指数（Bloomberg Barclays Global Aggregate，BBGA），以人民币计价的中国债券将成为继美元、欧元、日元之后的第四大计价货币债券。

上述成就也让我们更加坚定中国特色社会主义道路自信、理论自信、制度自信、文化自信。正是在中国共产党的正确领导下，我国坚持对外开放和国内改革，中国金融业才能够在短期内取得长足发展与进步。

（二）正确理解金融与实体经济的关系

正确理解金融与实体经济的关系非常重要。实体经济是金融发展的根基，服务实体经济就是对金融最基本的要求，金融是不能够背离实体经济的。金融要服务实体经济的根本要求，就是要有效发挥其在市场经济运行中的媒介资源配置功能。金融为实体经济提供更好的服务，则要求降低资金融通成本，提高金融的中介效率和分配效率。

改革开放以来，我国经济的外向性和外汇管理制度，使我们拥有相当充裕的金融资源来推动中国经济的增长。金融服务于实体经济，这里的服务不仅局限于贷款融资服务，此外的支付、并购、财富管理、信息等服务也都是重要内容。要增强金融服务实体经济的能力，就需要构建合理的金融体系架构，避免“脱实向虚”；并针对性地出台政策、提升服务水平和创新体制机制。例如，面对 2020 年的突发疫情，我国金融系统出台了一系列政策措施，来全力支持疫情防控和企业复工复产。转账捐款、注册发行“绿色通道”、差异化的优惠金融信贷支持、提高金融服务效率……通过这些金融举措，帮助企业渡过难关，也提振了市场信心，助力经济稳健发展。

（三）贯彻党的十九届五中全会精神，使我国资本市场更好地服务经济社会

改革开放以来，我国资本市场得到了迅速的发展，但由于一些制度性短板还没有补足，投融资生态还不够健全，其与实体经济高质量发展的需要存在距离。过去我们常看到这样的现象，资金融通的渠道不畅，导致金融系统里的资金无法快捷有效地到达需要的企业手中，企业觉得融资难、融资贵。

为了使我国资本市场更好地服务经济社会，发挥金融体系的资金融通作用，我们需要进一步深化体制机制改革，疏通和拓展融资渠道。认真学习贯彻习近平总书记在党的十九届五中全会上的重要讲话和全会审议通过的《中共中央关于制定国民经济和社会发展第十四个五年规划和二〇三五年远景目标的建议》的部署要求，不断增强“四个意识”，坚定“四个自信”，自觉践行“两个维护”，抓紧谋划和推动“十四五”时期资本市场重点工作，加快形成资本市场服务经济社会高质量发展的制度、机制和体系。例如，科创板开市并试点注册制，完善执法和信用惩戒机制，是“搞活市场”和“完善监管”的突出亮点。有力有序推进金融改革，可以释放助力经济稳健前行的力量，也将为经济全局和金融市场未来发展打下坚实基础。

三、案例使用说明

（一）案例教学适用范围

本案例适用于“金融体系概览”章节的教学。

（二）案例教学目标

1. 知识目标

理解资本市场、主板、中小板、创业板、科创板、新三板等概念。

掌握我国多层次资本市场体系的构成及其功能。

2. 能力目标

金融知识实践运用能力。学生根据所学专业知识和案例材料，能够理解中国资本市场体系的构成，了解企业融资的渠道和选择，并了解各类市场的特点和要求等。

系统思维能力。学生通过案例材料和课程中对金融体系的介绍，了解我国资本市场的发展历程，各层次资本市场的有机互补，帮助学生形成全面、系统地分析和解决问题的思维能力，能够将所学知识点融入知识体系。

3. 价值目标

通过对案例材料和我国改革开放以来资本市场快速发展的历程介绍，使学生们了解到中国人民在中国共产党领导下取得的伟大成就，坚定中国特色社会主义道路自信、理论自信、制度自信、文化自信的“四个自信”。

（三）案例讨论的准备工作

（1）学生应提前预习金融体系构成、金融市场功能和结构的相关知识，对金融市场分类的主要形式有大致的认识。

（2）学生们应提前查阅相关资料，了解什么我国金融体系的构成、发展现状和历程，了解我国近年来金融改革的成就。

（四）启发思考题及分析

1. 启发思考题

（1）我国建设多层次资本市场的必要性有哪几个方面？

（2）完善资本市场基础制度的重要意义是什么？

（3）我国资本市场未来发展中有哪些重点工作？

2. 分析思路

第（1）题参考答案：

我国建设多层次资本市场的必要性有以下几方面：

第一，有利于满足资本市场上资金供求双方的多层次化的要求。

从资金供给方来说，由于风险偏好的不同，投资者也是具有不同层次的。风险爱好者愿意投资于高风险高回报的股票；风险中立者会选择购买风险程度适中，预期报酬也非最高的股票；风险规避者则可能去购买国债。但是，如果中国仅有单一层次的主板市场，该市场对公司上市和交易的风险标准是统一的，那么从制度上无法为不同风险偏好者提供足够多种类的投资品种和交易场所。

从资金需求方来说，处于不同发展阶段的不同规模的、不同风险状况的企业对股权融资的需求不尽相同。对于大规模、稳健型、成熟性强的公司，由于其发展历史相对较长、业绩稳定、经营稳健，可能吸引大批投资者来购买它的股票；但对于中小企业，特别是处于创业阶段的中小型科技企业，由于其规模小、产品不够成熟、风险性大，通过主板市场进行融资是不现实的。但受诸多因素影响，中国资本市场的发展出现了高度集中化的倾向，交易过程中投资者不可避免地会排斥一部分融资者而向具有优势的融资者倾斜。特别是在为国企服务的主导思想下，市场必定只会为大企业服务而将众多的中小企业排斥在外。因此需要构建多层次资本市场，以针对不同需求提供多样化的金融工具与金融产品。

第二，有利于提供优化准入机制和退市机制，提高上市公司的质量。

从非证券资本市场到证券资本市场，从场外市场到创业板市场、主板市场，入市标准逐步严格，企业素质也呈阶梯式上升，这实际上提供了一个市场筛选机制。一方面，在下一级市场上挂牌交易的企业经过培育，将会有优秀企业脱颖而出，从而进入上一级市场交易；另一方面，对于长期经营不善，已不符合某一层次挂牌标准的企业，则通过退出机制，退出到下一级市场交易。这样就形成一种优胜劣汰机制，既有利于保证挂牌公司的质量与其所在市场层次相对应，又能促进上市公司努力改善经营管理水平，提高上市公司质量。

第三，有利于防范和化解我国的金融风险。

直接融资有利于分散融资风险，能有效地避免风险向金融系统集中，从而降低金融系统性风险。从国外经验看，在间接融资为主的金融体系中，一旦经济实体发生严重问题，就会导致大量银行坏账，金融体系的脆弱性往往将经济拖入长期不振的境地。当前，中国的融资结构仍以间接融资（以银行贷款为主）为主，而直接融资比例还较低。因此，多层次的资本市场通过改善上市公司质量、满足多元化的投资需求，吸引资金进入资本市场，扩大直接融资额度，从而降低金融风险。而且随着多层次资本市场体系规模的扩大，直接融资比重的提高，风险程度存在明显差异的子市场会逐步形成，风险承担主体呈现多元化，有利于实现金融市场的稳定，分散和化解金融风险。

第（2）题参考答案：

我国完善资本市场基础制度的具有如下重要意义：

第一，完善资本市场基础制度，是促进畅通国民经济循环的迫切需要。推动形成以国内大循环为主体、国内国际双循环相互促进的新发展格局，关键是要提高供给对需求的适配性，形成需求牵引供给、供给创造需求的更高水平动态平衡。资本市场信息公开透明，价格信号灵敏，是要素资源市场化配置的重要平台。完善资本市场基础制度，有利于全面增强资本市场枢纽功能，动员和引导各类要素资源向更高效率更具活力的领域协同聚集，促进创新资本形成，提高经济金融循环效率。

第二，完善资本市场基础制度，是全面深化资本市场改革的主题主线。基础制度带有方向性和根本性。突出基础制度建设这个主线，强化制度的引领和规范作用，是我们这一轮全面深化资本市场改革的鲜明特征。2020 年以来，我们以注册制改革为龙头，注重发挥科创板改革的“试验田”作用，统筹推进资本市场关键制度创新，加强总结评估、逐步将行之有效的制度推广至全市场。这对于凝聚各方共识，保障改革平稳顺利推进起到了关键作用。

第三，完善资本市场基础制度是打好防范化解金融风险攻坚战的治本之策。近年来，在国务院金融委的统一指挥协调下，我们坚持分类施策、标本兼治，平稳有序化解资本市场运行中各种存量风险，实现总量收敛；同时，着眼于完善制度机制，补短板、强弱项，不断健全风险防控的体制机制，坚决遏制增量风险发生。在此过程中，我们注重依靠制度约束促进上市公司、中介机构、投资者等各方归位尽责，持续夯实市场稳定运行的内在基础。

第四，完善资本市场基础制度，是科学处理政府与市场关系的必然要求。我们始终坚持依法治市、依法监管，严格按制度规则办事，这与践行

“不干预”的理念、进一步减少管制具有逻辑的一致性。建立健全公开透明的资本市场制度规则体系，让市场对监管有明确预期，既有利于把“不该管的”坚决放权于市场，也有利于把“该管的”管住管好，从而实现市场生态的良性循环。

第（3）题参考答案：

贯彻党的十九届五中全会精神，未来我国资本市场发展有如下重点工作：

第一，着眼于提高直接融资比重，加快完善多层次资本市场体系，进一步畅通直接投融资入口，不断完善有利于扩大直接融资、鼓励长期投资的制度安排。

第二，把支持科技创新放在更加突出位置，加快建成优质创新资本中心，更好发挥科创板、创业板、新三板、私募股权投资基金支持创新的功能作用，完善市场化激励约束机制，引导各类创新要素集聚，助力打好关键核心技术攻坚战。

第三，以注册制和退市制度改革为抓手，带动发行承销、交易、持续监管、投资者保护等各环节关键制度创新，全面加强资本市场基础制度建设。

第四，守牢不发生系统性风险底线，着力健全市场风险的预防、预警和防范处置机制，持续做好资本市场各类风险防控工作，坚决维护国家经济金融安全。

第五，完善资本市场监管执法体系，加快推动健全证券执法体制机制，推动构建以科技手段为支撑的监管执法新模式，深化“放管服”改革，着力提升监管效能。

第六，不断提高全系统党的建设质量，把坚持和加强党对资本市场的领导落实到资本市场改革发展稳定各项工作中，营造风清气正的良好政治生态，为重点工作任务顺利落地提供坚强政治保证。

四、案例总结

为了使我国资本市场更好地服务经济社会，发挥金融体系的资金融通作用，我国自20世纪90年代初开始设立上海和深圳证券交易所，目前已形成了包括主板、中小板、创业板、科创板、新三板、区域性股权市场以及私募股权市场等的多层次资本市场体系。层次丰富、作用分明的资本市场体系，疏通和拓展了企业的融资渠道，为我国经济发展、创新驱动注入强大动力。大力发展多层次资本市场，始终受到党中央国务院高度重视。我国多层次资本市场的建设过程与我国经济发展史和改革开放史是紧密结合的，党中央的正确领导和一系列决策部署明确了我国资本市场改革发展的方向。

当前，我国经济进入新的发展阶段。“加快形成以国内大循环为主体、国内国际双循环相互促进的新发展格局”将是贯穿我国“十四五”期间的一条主线，正深刻影响着我国经济社会发展全局。加快形成新发展格局，需要更好发挥多层次资本市场的枢纽功能，为此要继续完善资本市场基础制度，推进关键领域改革，激发多层次市场的建设活力。随着各项改革深化和基础制度完善，多层次资本市场体系愈加健全，市场结构不断优化，资本市场服务实体经济、助力构建新格局的独特作用将有效发挥。

参考文献

[1] 中国人民银行金融稳定分析小组. 中国金融稳定报告（2020）[EB/OL].（2020-11-07）[2020-11-16]. http://www.gov.cn/xinwen/2020-11/07/content_5558567.htm.

[2] 赵详. 大力发展多层次资本市场 助力构建新发展格局 [EB/OL].（2020-10-27）[2020-10-30]. https://www.financialnews.com.cn/gc/gz/202010/t20201027_203924.html.

[3] 易会满. 易会满主席在2020金融街论坛年会上的致辞 [EB/OL].（2020-10-21）[2020-11-04]. http://www.csrc.gov.cn/pub/newsite/zjhxwfb/xwdd/202010/t20201021_384818.html.

[4] 证监会. 中国证监会党委传达学习贯彻党的十九届五中全会精神 [EB/OL].（2020-10-30）[2020-11-04]. http://www.csrc.gov.cn/pub/newsite/zjhxwfb/xwdd/202010/t20201030_385401.html.

[5] 新华社. 中共中央关于制定国民经济和社会发展第十四个五年规划和二〇三五年远景目标的建议 [EB/OL].（2020-11-03）[2020-11-05]. http://www.gov.cn/zhengce/2020-11/03/content_5556991.htm.

[6] 李扬. “金融服务实体经济”辨 [J]. 经济研究，2017，52（6）：4-16.

[7] 辜胜阻，庄芹芹，曹誉波. 构建服务实体经济多层次资本市场的路径选择 [J]. 管理世界，2016（4）：1-9.

蚂蚁集团暂缓上市事件

——监管的责任与担当

翁舟杰　赖政[1]

一、案例正文

（一）蚂蚁集团发展概况和暂缓上市事件

蚂蚁集团是一家旨在为世界带来普惠、绿色服务的创新型科技企业，它起步于2004年成立的支付宝，2014年10月正式成立。其旗下业务包括支付宝、支付宝钱包、余额宝、招财宝、蚂蚁小贷和网商银行等。

2004年12月，支付宝正式成立，先后与中国工商银行、中国建设银行、中国银行、国家开放银行等携手，提供丰富多样的服务，包括提供助学贷款通道、拓展海外业务、网上购物等。2009年，其推出移动端支付宝App。2010年，其推出快捷支付，首推基于场景的线上保险产品。2012年，支付宝快捷支付用户突破1亿，2013年，支付宝与天弘基金合作的货币基金产品余额宝上线。2014年，网商银行获中国证监会批复。2014年10月，起步于支付宝的浙江蚂蚁小微金融服务集团股份有限公司（蚂蚁金服）正式宣告成立。2015年，蚂蚁金服推出借呗和芝麻分。2018年其又推出相互宝等。2019年，支付宝及其境外数字钱包伙伴，服务用户超过10亿，阿里巴巴取得33%股份。2020年3月，支付宝宣布升级为数字生活开放平台。

2020年7月，浙江蚂蚁小微金融服务集团股份有限公司正式更名为蚂蚁科技集团股份有限公司，简称蚂蚁集团。在此之前，京东金融、小米支付和度小满金融也相继改名以体现其科技属性。互联网金融公司开始向互联网科技公司转型，一方面是因为近两年金融监管趋严，另一方面是近年来科技发展迅速，这些公司为了突出科技属性，增强企业的资本估值。同时由于我

---

① 翁舟杰，西南财经大学金融学院教授；赖政，西南财经大学金融学院硕士研究生。

国科创板的设立，给科技公司融资提供了机会，互联网金融巨头纷纷改名，体现其科技属性，可以为未来上市做准备。蚂蚁金服更名为蚂蚁科技集团股份有限公司，也是为它后来的首次公开募股（IPO）做准备，给市场提供了一个预期。

2020 年 7 月，支付宝母公司蚂蚁集团宣布，启动在上海证券交易所科创板和香港联合交易所有限公司主板寻求同步发行上市的计划。蚂蚁集团在 2020 年 8 月 14 日，公示辅导备案文件；8 月 24 日，完成上市辅导；8 月 25 日，递交上市申请。10 月 21 日，证监会同意蚂蚁集团科创板 IPO 注册，同日，蚂蚁集团启动招股。蚂蚁集团估值超 2 万亿，有可能成为全球最大规模 IPO。蚂蚁集团在招股说明书中表明 IPO 的募资用途主要是科技创新、数字经济升级和全球可持续发展。其中 40% 的募资用于进一步支持创新、科技投入，30% 的募资用于助力数字经济升级。其次是补充流动资金和加强全球合作并助力全球可持续发展。

2020 年 11 月 2 日，中国银保监会和中国人民银行发布了《网络小额贷款业务管理暂行办法（征求意见稿）》（以下简称《办法》），中国人民银行发布《金融控股公司，董事、监事、高级管理人员任职备案管理暂行规定（征求意见稿）》（以下简称《规定》），这两项监管规定对网络小额贷款公司的业务经营范围和基本规则、经营管理等方面进行了规范和统一监管，同时加强对金融控股公司董事、监事和高级管理人员的任职管理，规范金融控股公司运作，防范经营风险。

2020 年 11 月 3 日上海证券交易所发布公告，暂缓蚂蚁集团上市。上海证券交易所在公告中表示：由于蚂蚁集团所处的金融科技监管环境发生变化等重大事项，该重大事项可能导致蚂蚁集团不符合发行上市条件或者信息披露要求。随后，香港联合交易所公告称，蚂蚁科技集团 H 股于香港联合交易所有限公司主板上市也将暂缓。

（二）蚂蚁集团暂缓上市的原因

由于《办法》和《规定》的发布，金融科技监管环境发生了重大变化。从《办法》的规定来看，蚂蚁集团存在不符合监管要求的方面。例如《办法》第二条“小额贷款公司经营网络小额贷款业务应当主要在注册地所属省级行政区域内开展；未经国务院银行业监督管理机构批准，小额贷款公司不得跨省级行政区域开展网络贷款业务。”以及《办法》第九条经营网络小额贷款公司所使用的互联网平台应当具备的条件中的“互联网平台运营主体的注册地与该小额贷款公司的注册地在同一省、自治区、直辖市行政区域内。”等规定。蚂蚁集团招股说明书中披露蚂蚁集团从事网络小额贷款业务的蚂蚁商诚小额贷款公司和蚂蚁小微小额贷款公司，贷款产品分别为“借呗”“花呗”，注册地都在重庆，其业务许可证书由重庆市地方金融监督管理局颁发，但是它们依托的网络平台“支付宝”并不注册在重庆，不符合《办法》第九条的规定。

在《办法》第十五条规定中，“在单笔联合贷款中，经营网络小额贷款业务的小额贷款公司的出资比例不得低于30%”，而蚂蚁集团在招股说明书中披露“至2020年上半年，由金融机构进行放款或已实现的资产证券化的比例合计约为98%”，这意味着蚂蚁联合贷款的出资比例约占2%。为了符合监管要求，蚂蚁集团必须加大自有资金或者缩小贷款规模，这将直接影响蚂蚁集团的估值。

在《办法》第十三条规定中，“对自然人的单户网络小额贷款原则上不得超过人民币30万元，不得超过其最近3年年均收入的三分之一，该两项金额中的较低者为贷款金额最高限额；对法人或其他组织及其关联方的单户网络小额贷款余额原则上不得超过人民币100万元”。就个人借贷原则的限制，意味着蚂蚁集团的客户群体无法向学生以及其他一些没有固定收入的人延伸。机构借贷原则的限制，可以使小贷公司回归支持小微企业的本源。但是蚂蚁微贷平台营收占比将近四成，实施新规将限制其放款规模、利息收入增速以及利润增长空间，这也会影响蚂蚁集团的估值。综上所述，如果蚂蚁集团正常上市，那么金融科技监管环境的变化很可能影响其市值，从而损害中小投资者的利益。

二、案例的思政元素

（一）责任与担当：监管部门敢于监管，防范化解金融风险

防范化解金融风险特别是防止发生系统性金融风险，是金融工作的根本性任务。习近平总书记强调：“金融管理部门要努力培育恪尽职守、敢于监管、精于监管、严格问责的监管精神，形成有风险没有及时发现就是失职、发现风险没有及时提示和处置就是渎职的严肃监管氛围。”“要做到‘管住人、看住钱、扎牢制度防火墙’。要管住金融机构、金融监管部门主要负责人和高中级管理人员，加强对他们的教育监督管理，加强金融领域反腐败力度。”

金融监管的基本出发点是维护公众利益，由于社会公众利益高度分散化，决定了只能由国家授权的机构来履行这一职责。我国目前金融监管体系

是“一委一行两会”和双支柱。2017 年国务院金融稳定发展委员会成立，2018 年“两会”通过了国务院机构改革方案，银监会和保监会合并为银保监会。银保监会和证监会负责微观审慎监管，中国人民银行负责货币政策和宏观审慎（双支柱），双支柱分别致力于实现币值稳定和金融稳定。宏观、微观之间由金融发展稳定委员会等机构实现协调。

由于金融科技属于新兴事物，此前我国对金融科技的发展存在很大的监管盲区。蚂蚁集团、京东数科等大型数字科技公司迅速发展，尽管这些公司取名为科技公司，但是它们都从事了金融业务。就蚂蚁集团整体来看，根据其招股说明书披露的信息看，蚂蚁集团的业务结构中，蚂蚁的业务收入主要来源是数字支付与商家服务、数字金融科技平台、创新业务及其他，核心层是数字金融技术平台，包括花呗、借呗等业务，其消费信贷规模为 17 320 亿元。2019 年，信贷业务收入达到 418. 85 亿元，占比 34. 73%，技术业务收入仅为 9. 3 亿元，占比 0. 77%。数据表明，蚂蚁集团的主要收入来源仍然是金融业务，即使蚂蚁金服更名为蚂蚁科技集团股份有限公司，实质上其仍属于金融公司，那么它就应该受到传统的金融监管。

大型互联网企业服务群体数量庞大，且服务对象常常是传统金融机构没有覆盖的缺乏金融专业知识的人群，如果市场有比较大的波动，则很可能由于这些市场参与者的非理性行为，导致风险迅速扩散，形成系统性金融风险。

蚂蚁集团暂缓上市事件中，体现了我国金融监管始终坚持底线思维、增强忧患意识，努力平衡好稳增长和防风险的关系，精准有效处置重点领域风险，有效防范化解金融风险。体现了我国金融监管机构部门深入学习贯彻习近平新时代中国特色社会主义思想，认真履行金融监管职能，恪尽职守、敢于监管、精于监管、严格问责的精神。

（二）事物具有两面性：要鼓励创新，但更要稳妥创新

党的十九届五中全会提出，坚持创新在我国现代化建设全局中的核心地位，把科技自立自强作为国家发展的战略支撑，要强化国家战略科技力量，提升企业技术创新能力，激发人才创新活力，完善科技创新体制机制。2020 年 10 月 31 日，国务院金融发展委员会召开专题会议，传达学习党的十九届五中全会精神，研究部署金融系统贯彻落实工作。会议强调“构建金融有效支持实体经济的体制机制，提升金融科技水平，增强金融普惠性”。

我国的金融科技公司不仅包括蚂蚁集团、京东数科等互联网金融科技公司，也包括传统的金融机构派生的金融科技公司，还包括为金融业服务的科技公司。金融科技承担金融创新的重要职责，但是技术只是实现手段，本质还是金融服务。在坚持创新的基础上，如何实现稳妥创新是每个金融科技公司、金融监管机构需要思考的。2020 年 10 月 30 日的金融稳定发展委员会会议指出，“当前金融科技与金融创新快速发展，必须处理好金融发展、金融稳定和金融安全的关系。既要鼓励创新、弘扬企业家精神，也要加强监管，依法将金融活动全面纳入监管，有效防范风险。”

就蚂蚁集团的花呗业务来说，该产品无疑具有创新的成分，最初是为了促进消费，给消费者提供先消费后还款的机会。由于花呗门槛低，如对于没有收入的大学生群体，他们消费需求旺盛但是申请办理信用卡困难，此时他们很可能利用花呗来实现超前消费，但是由于其没有收入作为保障，存在相对大的违约风险，就有可能诱发风险，并在金融体系内迅速扩散。

就蚂蚁集团整体来看，蚂蚁集团通过其业务创新和拓展，客户数量和业务规模巨大，创新的同时若没能把握其中蕴含的风险，将对金融安全造成巨大隐患。根据其招股说明书披露的信息看，蚂蚁集团个人用户超过 10 亿，机构用户超过 8 000 万，金融机构合作伙伴超过 2 000 家，数字支付总交易规模 118 万亿元，微贷科技平台促成的消费信贷 1. 7 万亿元。由于蚂蚁集团的个人和机构用户多以及交易规模庞大，一旦发生风险，就容易发生连锁反应，风险传染性很大。

三、案例使用说明

（一）教学用途与教学目标

1. 教学用途

本案例适用于“金融监管”相关章节的教学。

2. 教学目标

（1）知识层面：

理解金融监管、金融科技等相关概念。

掌握金融监管的经济学分析理论。

（2）能力层面：

教师通过对理论的讲解，帮助学生掌握金融监管的类型、重要性以及我国金融监管的发展方向。结合案例，提出问题让学生讨论分析，通过讨论和总结，帮助学生学会分析金融事件发生的背景和原因，培养学生结合理论进行案例思考的能力。

（3）素质层面：

一是形成专业意识。通过学习，学生能够加深对货币金融学的理解，并能将理论知识应用到实际案例中进行分析，养成关注金融热点、相关政策的学习习惯。

二是提高职业素养。通过案例，引入防范化解重要风险、稳妥创新等思政元素，拓宽学生视野，让他们知道金融本质就是要控制风险，权衡风险与收益。在未来的职业道路上，从事金融业要服务于实体经济，要有风险意识，要遵纪守法，要有正确的就业观念。

（二）案例讨论的准备工作

（1）学生事先预习《货币金融学》“金融监管的经济学分析”有关金融监管的相关知识，对金融监管的原因、类型、措施等有大致的了解。

（2）学生提前查阅相关资料，了解我国目前金融监管体系和金融监管的趋势。

（三）案例分析要点

1. 启发思考题

（1）分析为什么近年来互联网巨头纷纷“去金融化”，京东金融、小米支付、蚂蚁金服为何纷纷改名，弱化其金融属性、强化技术属性？

（2）分析蚂蚁集团暂缓上市背后的原因。

（3）结合案例，讨论当前我国金融监管的发展趋势，金融科技监管环境将会发生怎样变化？

2. 分析思路

三个思考题，是基于《货币金融学》中金融监管相关知识点提出的。

理论知识点：

“太大而不能倒”是政府安全网引发的道德风险问题，以及防止金融机构破产的愿望，这将金融监管者置于进退两难的窘境中。由于大的金融机构的倒闭很可能导致金融体系的崩溃，监管者不愿意大机构破产进而影响整个市场。

金融监管的类型主要有：对资产持有的限制、资本金要求、及时整改行动、注册与检查、风险管理评估、信息披露要求、消费者保护和对竞争的限制。这些类型的监管旨在缓解信息不对称问题和限制金融体系过度冒险。

第（1）题参考答案：

近年来，互联网巨头蚂蚁金服、京东金融、度小满金融纷纷改名为蚂蚁集团、京东数科、度小满科技，更加凸显其科技属性。其背后的原因主要在于：一方面，金融监管趋严，开展金融业务必须持有金融牌照，更名是大势所趋，更名后更加适合未来的发展方向，也更加迎合监管要求。另一方面，更名后更加突出科技属性，有助于提升自身估值，为未来上市做准备。

第（2）题参考答案：

蚂蚁集团上市前夕，上海证券交易所、香港交易所分别发布公告称蚂蚁集团可能由于所处的金融科技监管环境发生变化而不符合上市条件或者信息披露要求，决定暂缓蚂蚁集团上市。蚂蚁集团暂缓上市最主要的原因就在于金融科技监管环境发生变化。我国正在加强对金融科技的监管，如果蚂蚁集团正常上市，则可能在今后的严监管中，市值受到较大影响，这对于市场上的投资者来说会造成不良冲击，所以在蚂蚁集团上市前夕，监管机构紧急叫停，暂缓蚂蚁集团上市。

另外，蚂蚁集团的个人和机构用户多以及交易规模庞大，这也意味着蚂蚁集团“太大而不能倒”，存在发生道德风险的可能。且蚂蚁集团的服务对象常常是传统金融机构没有覆盖的缺乏金融专业知识的人群，一旦发生风险，就容易发生连锁反应，导致风险迅速扩散，形成系统性金融风险。

第（3）题参考答案：

我国金融监管仍将保持严格监管的趋势，在继续加强对传统金融领域严格监管的过程中，要进一步重视对金融科技领域的监管、重视对金融创新领域的监管。近年来，我国采取全方位措施加强金融监管，出台了资管新规、金融控股公司监管办法等一系列的规章制度。在金融科技监管方面，中国银保监会和中国人民银行发布了《网络小额贷款业务管理暂行办法（征求意见稿）》《金融控股公司董事、监事、高级管理人员任职备案管理暂行规定（征求意见稿）》两项监管规定，这两项监管规定对网络小额贷款公司的业务经营范围和基本规则、经营管理等方面进行了规范和统一监管，同时还加强对金融控股公司董事、监事和高级管理人员的任职管理，规范金融控股公司运作，防范经营风险，金融科技监管环境发生了重大变化。在未来的金融科技监管中，我们要协调好金融发展、金融稳定和金融安全的关系，既要鼓励创新、弘扬企业家精神，也要加强监管，依法将金融活动全面纳入监管，有效防范风险。监管部门要认真做好工作，对同类业务、同类主体一视同仁。要监督市场主体依法合规经营，遵守监管规则，完善公司治理，履行社会责任。

四、案例总结

我国正在不断提升金融监管的有效性，加强对系统性重要机构的监管，扩展监管范围，增强金融消费者保护力度。我国在金融监管的过程中，防范化解系统性金融风险，稳妥创新，在鼓励金融创新、科技创新的同时，识别互联网科技公司的金融属性和科技属性哪方占主导地位，加强对金融科技领域的监管。在蚂蚁集团暂缓上市这一事件中，体现了我国金融监管机构认真履行金融监管职能，恪尽职守、敢于监管、精于监管、严格问责的精神。蚂蚁集团暂缓上市事件也体现了在金融监管的过程中，对消费者保护、信息披露要求、资产持有的限制等方面的重视。正如中国银保监会前主席尚福林所说，不管是传统的金融业态，还是像蚂蚁金服这样的金融业态，都应该遵循金融业的一些基本规律。要提高市场效率，同时还要防范风险。

参考文献

[2] 侯宇尧. 为防范化解金融风险提供制度保障 [EB/OL]. (2020-11-04) [2020-11-05]. http://opinion.people.com.cn/big5/n1/2020/1104/c1003-31917753.html.

[3] 新华社. “一次具有全局性、历史性意义的重要会议”——中共中央举行新闻发布会解读党的十九届五中全会精神 [EB/OL]. (2020-10-31) [2020-11-05]. http://www.gov.cn/xinwen/2020-10/31/content_5556256.htm.

[4] 李国辉. 蚂蚁暂缓上市背后：网络小贷要发展更要规范 专家：估值或面临重大调整 [EB/OL]. (2020-11-04) [2020-11-16]. https：//baijiahao. baidu. com/s? id=1682433548790700845&wfr=spider&for=pc.

[5] 王晔君. 四部门约谈蚂蚁集团，创新与监管如何平衡? [EB/OL]. (2020 - 11 - 03) [2020 - 11 - 16]. https://baijiahao. baidu. com/s? id=1683213776179717111.

[6] 蚂蚁科技集团股份有限公司. 蚂蚁集团招股说明书注册稿 [EB/OL]. (2020-09-22) [2020-11-02]. http://static.sse.com.cn/stock/information/c/202009/8509c5fbb209411bb078c5fa8a26b038.pdf.

改革完善 LPR 形成机制

翁舟杰　刘垚①

一、案例正文

20 世纪 90 年代中期以来，中国人民银行推进利率市场化改革，至 2015 年已经放开了对存贷款利率的管制，但存贷款基准利率和市场利率并存的“利率双轨”问题仍然存在。然而无论是从提高货币政策有效性的角度，还是从深化金融改革的角度考虑，都需要通过深化改革的方式，疏通利率传导渠道，推动利率“两轨合一轨”。按照党中央、国务院决策部署，中国人民银行牢牢抓住贷款利率改革这个“牛鼻子”，以推动贷款利率和市场利率并轨为重点，于 2019 年 8 月 17 日宣布启动改革完善贷款市场报价利率（LPR）形成机制，疏通货币政策传导渠道，推动降低贷款利率。贷款市场报价利率改革具体内容如下：

第一，贷款市场报价利率报价行由以往的每日报价改为于每月 20 日（遇节假日顺延）9 时前，按公开市场操作利率（主要指中期借贷便利利率 MLF）加点形成的方式，向全国银行间同业拆借中心报价。全国银行间同业拆借中心按去掉最高和最低报价后算术平均的方式计算得出贷款市场报价利率。中国人民银行授权全国银行间同业拆借中心于每月 20 日（遇节假日顺延）9 时 30 分在全国银行间同业拆借中心和中国人民银行网站公布贷款市场报价利率。

第二，为提高贷款市场报价利率的代表性，贷款市场报价利率报价行类型在原有的全国性银行基础上增加城市商业银行、农村商业银行、外资银行和民营银行，由 10 家扩大至 18 家，定期评估调整，并且将贷款市场报价利率由原有 1 年期一个期限品种扩大至 1 年期和 5 年期以上两个期限品种。银行的 1 年期和 5 年期以上贷款参照相应期限的贷款市场报价利率定价，1 年

① 翁舟杰，西南财经大学金融学院教授；刘垚，西南财经大学金融学院硕士研究生。

期以内、1 年至 5 年期贷款利率由银行自主选择参考的期限品种定价。

第三，各银行新发放的贷款主要参考 LPR 定价，并在浮动利率贷款合同中采用 LPR 作为定价基准。存量贷款的利率仍按原合同约定执行。各银行不得通过协同行为以任何形式设定贷款利率定价的隐性下限。

第四，中国人民银行将指导市场利率定价自律机制，加强对贷款市场报价利率的监督管理，对报价行的报价质量进行考核，督促各银行运用 LPR 定价，严肃处理银行协同设定贷款利率隐性下限等扰乱市场秩序的违规行为。中国人民银行将银行的 LPR 应用情况及贷款利率竞争行为纳入宏观审慎评估（MPA）。

进行贷款市场报价利率改革，实现“两轨合一轨”是实现真正意义上的利率市场化的“最后一公里”，这对实体经济也意义重大。进行贷款市场报价利率改革的具体原因可分为以下几个方面：

一是疏通利率传导机制的关键之举。近年来，我国利率市场化改革不断推进和深化，但是利率体系仍然存在着明显的“双轨制”特征，即存贷款基准利率和市场利率并存。货币市场方面，中国人民银行先后放开票据市场利率和银行间同业拆借利率，逐步打造市场化利率体系，目前市场上的质押式回购利率、国债收益率和公开市场操作利率等指标性利率，报价活跃，市场化定价；信贷市场方面，改革相对迟缓，虽然中国人民银行已取消银行贷款下限和存款上限，但银行存贷款利率依旧锚定中国人民银行的基准存贷款利率。我国受管制的存贷款利率体系和已完全市场化的回购等市场利率体系并存。现实中 1 年期贷款基准利率自 2015 年 10 月以来就一直保持在 4. 35% 的水平，这就导致资金市场利率与存贷款市场利率之间存在较大割裂，利率传导机制不通畅。2018 年以来中国人民银行 7 次降准，并配合公开市场操作、新作续作中期借贷便利（MLF）等方式投放流动性，市场流动性较为宽松，资金利率明显下行，但贷款基准利率维持不变，实际贷款利率也没有明显下降。随着我国经济下行压力增加，降低实体经济融资成本迫在眉睫，推动利率并轨以疏通利率传导机制成为当务之急。因此，中国人民银行选定 LPR 作为与政策利率及市场化利率联动更加紧密的贷款利率“锚”，推动贷款利率向市场利率并轨，提升货币政策传导的通畅性。

二是稳步渐进降低社会融资成本。对于报价方式而言，新的 LPR 报价由 MLF 加点的方式形成，LPR 与政策利率挂钩，形成“MLF 利率—LPR—贷款利率”的传导链条，这样中国人民银行可以更有效地通过货币政策调整来实现对实体经济融资成本的调控。对于报价行而言，在原有 10 家全国性银行（五大行、招商、兴业、浦发、中信、民生）的基础上，增加了城市商业银行（西安、台州）、农村商业银行（上海农商行、广东顺德农商行）、外资银行（渣打、花旗）、民营银行（微众、网商）各2家代表，报价行的扩容能够更多体现服务民营、小微企业等客群的成本，代表性更强。由于LPR由政策利率（MLF）和银行点差构成，银行点差主要由资金成本、风险溢价和供求关系决定，因此，中国人民银行可通过降低政策利率、降准及公开市场操作提供流动性等方式，引导LPR下行，促进实体经济融资成本的降低。具体而言，一方面，中国人民银行于2019年9月16日降准释放资金8 000亿元，9月以来MLF净投放近3 000亿元，较为充裕的流动性环境降低了资金成本，带动银行点差下降，进而降低LPR水平；另一方面，中国人民银行于2019年11月5日下调1年期MLF利率5个基点至3.25%，直接降低LPR水平。受此影响，1年期LPR利率已累计下降16个基点，以LPR为基准定价的新增贷款利率稳步下行，社会融资成本呈下降趋势。对于存量贷款，2019年12月28日中国人民银行公告部署存量浮动利率贷款定价基准向LPR转换工作安排。随着存量浮动利率贷款“换锚”完成，在下一个定价时点到来时，LPR的降低将引导存量贷款利率下降，从而在更大范围内实现降低社会融资成本。

综上而言，LPR形成机制改革的深化，将更好地疏通利率传导机制，发挥LPR在实际贷款利率形成中的引导作用，推动社会融资成本下降，引导金融机构优化金融供给结构，提升金融供给质量，增强服务实体经济的能力。

二、案例的思政元素

（一）改革是推动制度完善和经济发展重要动力

改革的根本目的是使得生产关系适应生产力的发展，使得上层建筑适应经济基础的发展。改革完善LPR形成机制是我国经济制度在经济领域自我完善和自我发展的一种表现，是推动经济发展的重要动力。

我国从20世纪90年代开始了利率市场化改革，利率市场化改革至今已经走过了20多年的历程，基本遵循着先贷款、后存款的改革思路。2013年10月，中国人民银行决定取消金融机构贷款利率0.7倍的下限，全面放开金融机构贷款利率管制。至此，贷款利率管制在理论上已经全部取消。为配合取消贷款利率下限这一政策，中国人民银行曾宣布LPR集中报价和发布机制正式运行，但该基础利率是商业银行对其最优质客户执行的贷款利率，由报价行在其自主报出的本行贷款基础利率的基础上进行加权平均计算，形成报价行的报价平均利率并对外予以公布。这其中比较大的问题就是 LPR 的报价基础是本行贷款基础利率，而本行贷款基础利率多数又根据锚定中国人民银行的贷款基准利率而确定。因此，自其开始公布以来，LPR 跟中国人民银行贷款基准利率的调整基本保持一致。自 2015 年最后一次降息后，LPR 长期保持在 4.31% 的水平（中国人民银行一年期贷款基准利率为 4.35%），很难准确高效地反映市场利率的变化。针对旧 LPR 的种种弊端，2019 年 8 月中国人民银行对 LPR 进行了全面改革。通过完善 LPR 形成机制，新 LPR 在内涵和外延方面得到了较好的完善和扩展，与管制利率、政策利率和市场利率相比，在有效传导货币政策、引导贷款利率下行方面具有独特优势。

（二）矛盾是普遍存在的

矛盾存在于一切事物中，事事有矛盾；矛盾贯穿于每一事物发展过程的始终，时时有矛盾。因此，我们要勇于承认矛盾，揭露矛盾，用一分为二的、全面的观点来看问题。LPR 形成机制的改革与推进为银行业带来了巨大的挑战，同时也为银行业的转型提供了良好的机遇。

从短期来看，银行利差会出现收窄现象，银行的主营业务利润也会被压缩。从中期来看，LPR 机制的推行将会对银行利率风险和信用风险管理工作带来极大的难度。在这样的背景下，银行业之间就难以与同业相互协定贷款利率的隐性下限，各家银行在以后的经营中需要根据市场利率的变化而独立地进行风险经营。

从长期来看，贷款利率的市场化改革会使得银行的风险偏好发生变化。在 LPR 推行下，银行的优质客户将会具有利率议价能力。面对激烈的竞争市场，银行为了实现自己的利润目标可能会被迫下沉客户等级从而追求更高的信用溢价，这会导致银行信用风险显著上升，对银行经营产生较大的影响。

因此，在未来的发展过程中，银行业要从自身的经营特点出发，结合 LPR 形成机制带给银行发展的机遇，不断调整发展策略，顺应时代发展潮流，推动自身稳健发展，实现良好的效益目标。对此，银行的应对措施主要有以下几点：

第一，做好 LPR 利率与最终贷款利率的分层管理工作。因为 LPR 利率是银行针对优质客户的一种贷款利率，而银行的大多数客户群体都达不到这一标准，所以银行需要以 LPR 为基础，再加上自身的信用值进行综合评定。

在银行业未来的发展过程中，为了保证 LPR 的顺利推行，那么就必须在银行内部系统中设置相应的分层管理机制，使得银行的管理者能够根据市场环境的不同，区分贷款市场中风险因素，从而保证银行自身的利益不受损害。

第二，完善银行内部资金转移定价（FTP）体系，促进利率顺利传导。在 LPR 机制的改革与推行下，FTP 与 LPR 将会形成紧密结合的反馈机制。一方面，银行的 FTP 体系是根据银行的核心资产、准备金率、贷款定价、风险管理工作等核心变量构成的，18 家银行所综合计算出的 LPR 值势必会受到银行的 FTP 影响。另一方面，LPR 可以反作用于银行的 FTP 体系，构成 FTP 的基准曲线。而在银行内部管理工作中，FTP 的形成会结合银行的风险偏好以及业务发展需求进行一定的调整。在未来的发展过程中，LPR 将作为银行 FTP 定价参考的重要基准利率。所以，在银行内控合规发展的过程中，应当结合风险偏好，形成成熟、科学、完善的 FTP 机制，保证贷款利率传导的顺畅性。

第三，优化负债结构，降低负债成本。首先，在负债管理中，银行可通过同业拆借、票据贴现等主动负债金融工具来提高银行经营资金来源的灵活性，拓宽来源渠道。这其中的关键是要进一步平衡资本成本与流动性之间的关系，优化负债结构。LPR 形成机制改革会提高银行对资产端的敏感性，如果利率持续下行，那么银行也将面临收益的压力，所以，银行应当主动地提升负债比，降低负债成本。其次，在银行的日常经营活动中，银行要进一步稳定中小储户、企业基本户以及个人存款客户，提高个人客户的储蓄占比，从而使得存款结构更加稳健。最后，资产派生存款应当作为银行重点关注的内容，在日常产品的设计中，应当推行派生存款的相关融资方案，实行存贷款挂钩的战略，发挥杠杆效应。

三、案例使用说明

（一）教学用途与教学目标

1. 教学用途

本案例适用于“利率市场化”章节，或“商业银行业务与管理”章节的教学。

2. 教学目标

（1）掌握 LPR 改革的内容、原因。

（2）掌握银行在面临 LPR 改革带来的挑战时所能采取的措施。

（二）案例讨论的准备工作

（1）学生应提前预习中国的金融发展与经济增长的相关知识，对于中国的利率市场化改革的原因和进程有大致的认识。

（2）学生们应提前查阅相关资料，了解利率双轨产生的背景和原因、“双轨合一轨”的问题和痛点以及 2013 年 LPR 改革的内容及不足。

（三）案例分析要点

1. 启发思考题

（1）结合案例，讨论 LPR 改革的实践难题是什么。

（2）结合案例，针对以上实践难题，探讨相应的解决方案。

2. 分析思路

两个思考题都是在了解 LPR 改革内容和原因的基础上，结合近两年的 LPR 改革实践来探讨它的实践难题和解决方案。

第（1）题参考答案如下：

第一，MLF 利率不能准确反映银行真实负债成本。商业银行贷款定价主要采用成本加成法，即“贷款定价=资金成本+运营成本+风险成本+资产成本+税务成本+预期利润”。而 LPR 机制设计的一个重要假设是“一年期 MLF 利率反映了银行平均的边际资金成本”。但是，2020 年相关数据显示，在银行业整体负债结构中，占比最大的是存款，2020 年 4 月末达到 202 万亿元；其次是是发行债券（包括同业存单），2020 年 4 月末达到 8.66 万亿元，而 MLF 余额在银行负债端的占比不足 3%，因此 MLF 利率并不是银行资金成本的主要影响因素。我国 LPR 以 MLF 利率加点报价形成，而非基于银行真实存款利率，并不能准确反映银行放贷的资金成本，限制了银行负债成本向 LPR 的传导效果。

第二，LPR 的期限点较少可能减弱利率传导效果。目前 LPR 仅有 1 年期和 5 年期以上两个标准期限，中央银行仅要求商业银行 1 年期和 5 年期以上贷款业务参考同期限 LPR，商业银行可以自行决定其他期限定价参考标准。从不同期限贷款定价的精准度来看，LPR 期限点较少且跨度大，无法形成完整的 LPR 曲线，导致商业银行对两个标准期限以外其他期限的贷款业务定价和授权缺乏统一指导和市场基准，出现各行定价基准不一致，价格偏差较大甚至变动不一致的情况，贷款定价的精确度不足。虽然市场利率定价自律机制要求商业银行将 LPR 纳入贷款 FTP 曲线构建规则并嵌入系统，执行情况将纳入 MPA，但是，商业银行贷款 FTP 参考标准期限点较多，除 1 年期外，其他期限点的贷款 FTP 较难直接应用于 LPR，尤其是 5 年期以上

LPR应该作为5年期贷款FTP参考基准还是更长期限的贷款FTP基准，各行莫衷一是，这将影响FTP对LPR变化的传导效应及对贷款外部定价的传导效果。

第三，商业银行管理利率风险的能力有待提升。虽然目前银行贷款以更具市场化的LPR为定价基准，而存款仍以较为钝化的中央银行存款基准利率为定价基准，打破了以往存贷款基准利率同向变动的规律，增加了商业银行基准风险。同时，LPR的持续下降使存量贷款客户产生了利率下行预期，加大了客户行为性期权风险，尤其是在此次存量浮动利率贷款换轨中，企业普遍提出折价换轨，或要求提前还款再新增借款。LPR改革加大了贷款市场利率波动，银行利率风险敞口扩大，目前银行资产负债部门的利率风险管理能力亟待提高，市场可用的利率风险对冲工具仍需完善。

第（2）题参考答案如下：

第一，优化银行负债成本管控环境，完善MLF通过银行负债成本向LPR传导的机制。一是优化银行存款竞争环境，适时下调存款基准利率，引导银行资金成本下行。二是优化流动性监管指标，让更多中小银行可以通过较低利率的同业市场融资，降低融资成本，畅通货币政策传导渠道。三是建议扩大MLF交易对手范围，将部分资质较好的中小银行纳入MLF覆盖范围，以增强中小银行的LPR报价精准度，提高银行负债成本向LPR传导的效果。

第二，适度增加LPR期限点，提高政策利率、市场利率和贷款利率的联动。贷款基准利率规定了1年、1~5年（含5年）和5年以上三个期限点，分别作为短期、中期和长期贷款定价基准。建议LPR参考贷款基准利率的期限点设置，增加5年或者1~5年（含5年）期限点，为商业银行提供中期贷款定价基准。事实上，适度增加期限点，形成完整的LPR曲线，能准确反映多个期限的最优惠客户贷款利率水平，提高LPR的参考性和基准地位。

第三，利用市场化业务曲线期限点差，促进LPR向银行贷款FTP的传导。在目前LPR暂未增加标准期限点的情况下，建议利用市场化业务曲线期限点差，如可以参考国债、国开债等市场基准曲线的期限点差，通过LPR加市场点差的方式构建完整的LPR曲线，并应用于贷款FTP的构建，确保LPR向贷款FTP有效传导；如5年期及以下期限点LPR可由1年期LPR加各期限国债（或国开债）到期收益率与1年期国债到期收益率期限点差决定；5年期以上期限点LPR可由5年期以上LPR加各期限国债（或国开债）

到期收益率与 5 年期国债到期收益率期限点差决定。

第四，发展挂钩 LPR 的衍生品市场，助力商业银行提高利率风险管理能力。LPR 改革加大了商业银行银行账簿利率风险敞口，银行亟须通过挂钩 LPR 的衍生品工具对冲利率风险。在本次 LPR 改革时，银行间市场已同步推出以 LPR1Y 和 LPR5Y 为标的的利率互换合约，合约交易期限主要以 1 年期以内为主，占比 60%以上。随着商业银行管理利率风险的意识增强，贷款客户规避利率风险的需求加大，建议巩固和推进 LPR 利率互换、利率期权市场的发展，尤其是发展挂钩 LPR 的长期限产品，帮助长期贷款客户管控利率风险。

四、案例总结

改革完善 LPR 形成机制是实现“两轨合一轨”的“最后一公里”，它将更好地疏通利率传导机制，发挥 LPR 在实际贷款利率形成中的引导作用，推动社会融资成本下降，引导金融机构优化金融供给结构，提升金融供给质量，增强服务实体经济的能力。改革完善 LPR 形成机制对银行业既有风险又是机遇，银行业要从自身的经营特点出发，结合 LPR 形成机制带给银行发展的机遇，不断调整发展策略，顺应时代发展潮流，推动自身稳健发展，实现良好的效益目标。

参考文献

[1] 中国人民银行政策分析小组.《中国货币政策执行报告》增刊：有序推进贷款市场报价利率改革 [EB/OL].(2020-09-15) [2020-11-16]. http://www.pbc.gov.cn/goutongjiaoliu/113456/113469/4094012/index.html.

[2] 刘首永. LPR 形成机制改革对银行业的影响及应对措施探思 [J]. 财富时代，2020 (8)：158-159.

[3] 赵家慧. LPR 机制改革前后对比与政策建议 [J]. 大众投资指南，2020 (14)：58-59.

[4] 刘宏海. LPR 改革实践的难题与对策 [J]. 中国金融，2020 (12)：35-37.

商业银行参与国债期货交易

翁舟杰　张卓[1]

一、案例正文

2020 年 2 月 14 日，中国证券监督管理委员会、财政部、中国人民银行、中国银行保险监督管理委员会联合发布《关于商业银行、保险机构参与中国金融期货交易所国债期货的公告》。公告指出，为进一步完善市场主体结构，经国务院同意，允许符合条件的商业银行和具备投资管理能力的保险机构以风险管理为目的，参与中国金融期货交易所国债期货交易。参与国债期货交易的商业银行、保险机构，应建立完善的全面风险管理和内部控制制度及业务处理系统，具备专业的管理团队和规范的业务操作流程，防范和控制交易风险。中国证券监督管理委员会、财政部、中国人民银行、中国银行保险监督管理委员会发挥跨部委协调机制作用，加强监管合作和信息共享，分批推进商业银行和保险机构参与国债期货市场交易，促进国债期货市场健康发展。

2020 年 3 月 1 日，中国金融期货交易所发布《关于商业银行参与国债期货业务试点有关事项的通知》，商业银行参与国债期货业务启动活动在中国金融期货交易所举行。第一批试点机构包括中国工商银行、中国农业银行、中国银行、中国建设银行、交通银行五大银行，其中，中国工商银行、中国银行、交通银行参与了首日交易。

近年来，商业银行参与国债期货市场的条件日渐成熟，市场的呼声也不断提高。在当前党中央国务院高度重视防范金融风险的背景之下，商业银行、保险机构入市政策推行的必要性如下：

其一，防范金融风险的必然要求。我国金融体系以商业银行为主，其风险管理水平对保障金融体系平稳运行、防范系统性风险具有重要意义。相较

---

① 翁舟杰，西南财经大学金融学院教授；张卓，西南财经大学金融学院硕士研究生。

于现货，期货价格更为灵敏，是市场风险最直接、快速的反映渠道，参与国债期货交易可提高商业银行的风险监测预警效率。此外，参与国债期货交易，能帮助商业银行锁定国债发行时的价格波动、对冲现货市场利率风险，提高风险管理的效率和水平，促进银行业的安全稳健。

其二，利率市场化改革的必然要求。国债收益率是人民币金融工具的“定价锚”。商业银行参与国债期货市场，可通过在期货、现货和回购市场的频繁交易，促进价格发现，形成高度市场化的收益率曲线。在金融市场波动时，商业银行参与国债期货交易，能分流现货市场抛压，有效减缓利率波动引发的流动性风险，提高国债收益率作为基准利率的稳定性。

其三，金融业对外开放的必然要求。近年来，境外投资者国债持仓量显著增加，风险对冲需求迫切。出于金融安全考虑，国家应首先允许国内商业银行入市，这样既可以主动把握人民币金融工具定价权，又可以尽早积累交易经验应对外部挑战。

与此同时，商业银行进入国债期货市场的条件也不断成熟。

首先，商业银行积累了一定的衍生品交易经验。利率互换和国债期货是商业银行最主要的利率风险管理工具，二者优势互补，共同构建商业银行利率风险防护网。目前，利率互换平稳运行多年，商业银行积累了一定的利率衍生品交易和风险管理经验，相关的内控体系已经建立，前中后台制约机制有所完善，具备了参与国债期货交易的基本能力。部分商业银行已经为参与国债期货市场做了大量准备工作，甚至有的商业银行已经完成技术系统采购和内部测试工作，一旦监管放行，即可投入使用。

其次，国债期货市场的深度不断提升。目前，我国国债期货市场品种已包括短、中、长期品种，超长期的30年期品种也呼之欲出，市场运行平稳，效率不断提高，参与群体不断丰富，证券公司、基金公司、私募机构、期货公司等各类金融机构参与广泛，为商业银行入市奠定了一定基础。

最后，跨市场监管体系日益完善。监管制度方面，原银监会出台了《银行业金融机构衍生产品交易业务管理暂行办法》，建立了期货审批和监管有关制度；中国金融期货交易所制定了保证金、涨跌停板、持仓限额、大户持仓报告、强行平仓等一整套风控制度，从交易、结算、交割等方面严格防范市场风险。监管机制方面，国务院金融稳定发展委员会的成立，进一步加大了跨市场监管协调力度。

二、案例的思政元素

（一）党中央国务院高度重视防范金融风险

2019 年 2 月 25 日，国务院新闻办公室举行坚决打好防范金融风险攻坚战新闻发布会，会议强调了防范化解金融风险的重要性。商业银行作为我国金融体系的重要组成部分，金融体系运行的稳定性、高效性在一定程度上取决于商业银行的风控能力，包括利率风险管理、信用风险管理等。

据中债网统计，商业银行的国债持有额和交易量在金融机构中居首位。截至 2019 年年末，中国银行间债券市场中记账式国债的总量为 14.7 万亿元左右，商业银行所持国债占比为 64.99%。在这方面，银行面临的利率风险则会导致极大的金融波动，商业银行如何管理利率风险显得至关重要，在新规发布前，商业银行仅能够通过利率互换来对冲现货市场的利率风险，或者与期货公司达成合作协议来间接参与国债期货市场。此外，期货市场的价格发现功能使得期货价格相较于现货价格更灵敏，银行进入期货市场能提高银行风险预警能力。因此，允许符合条件的商业银行参与国债期货交易，能够有效提升银行的利率风险管理能力和效率，促进金融体系的稳定与发展。

（二）全面发挥党的领导在防范化解重大风险中的重要作用

防控金融风险是防范化解重大风险攻坚战以及金融行业高质量发展的主要内容。以全面从严治党为强有力抓手，突出发挥党政治优势、思想优势、组织优势和群众优势，持续加强党对金融工作的全面领导，是金融机构树牢“四个意识”、做到“两个维护”的重要政治保障，对防控金融风险有着决定性的引领和托底作用。

坚持党中央对金融工作的集中统一领导，是我国金融业的必然属性、本质特征和现实需要。只有坚定不移按照党中央的指引方向，着力强化金融服务大局、服务实体、服务民生的根本导向，促进经济金融良性循环、健康发展，才能在保障国家金融稳定安全和金融改革稳健协调推进的前提下，实现金融机构有效风险防控并推进改革发展。

防控金融风险要服务大局。发展是第一要务，围绕“三大攻坚战”，金融机构既要看到自身风险压力的紧迫性，更要清醒认识防范化解风险与经济发展全局的紧密相关性，站在更高维度看待风险、防控风险、化解风险。关键要紧紧围绕经济社会发展大局，把党中央对金融工作的重大决策部署落实到实际工作中，确保正确方向和统一步调，在发展中处置缓释风险，在改革中提升发展质量。

防控金融风险要服务实体。习近平总书记指出，金融是实体经济的血脉，为实体经济服务是金融的天职，是金融的宗旨，也是防范金融风险的根本举措。一段时间以来，金融“脱实向虚”现象明显，金融内部循环阻滞了与实体经济的良性互动，一定程度上增加了实体成本压力和转型负担，成为风险集聚的“催化剂”。在回归本源的监管“指挥棒”下，围绕供给侧结构性改革，服务实体经济、发展普惠金融、支持民营经济发展等政策措施陆续出台，激发了金融资源配置活力，有效引导金融活水灌溉实体根基。

防控金融风险要服务民生。便捷、高效、安全的金融服务是现代社会的标志之一，也是提升人民群众物质生活水平，增强获得感、幸福感的重要内容。金融行业是关乎民生的特殊服务行业，金融市场的不稳定，将通过传导效应波及客户个体。人民群众作为金融服务的直接参与者，是金融机构防范化解风险的重要依靠力量，国家应秉持维护人民群众的根本利益和金融权益原则，加强金融知识、风险理念的宣传引导，营造守信避险的良好社会环境。

（三）改革是社会主义制度的自我完善和自我发展

改革开放的总设计师邓小平对如何坚持和发展中国特色社会主义制度做出了历史性贡献。他的一个重要思想就是把制度建设同改革相统一，强调通过改革推动和创新制度建设，不断发展完善社会主义制度。他坚信社会主义制度优越性，对社会主义制度充满自信。同时，他也清醒地认识到社会主义制度还存在不完善的地方，需要通过改革不断加以完善。

此次商业银行、保险机构入市政策的出台也是伴随着利率市场化改革的出现而产生的，自 2013 年 7 月 20 日中国人民银行决定全面放开金融机构贷款利率管制以来，我国利率市场化改革一直面临诸多挑战。首先我国的利率市场化改革刚刚起步，位于初级阶段，很容易受到干扰，而期货市场的价格发现功能又恰好弥补了这一不足，因此在利率市场化改革的进程中，需要借助国债期货对利率的定价功能实现市场化定价，同时在改革过程中应当注意放缓脚步，系统、稳定地对商业银行提供支持，按照体量大小依次跟进。商业银行进入国债期货市场，通过在期货市场和现货市场多次交易，促进价格发现功能的实现，进而能够获得一个相对市场化的国债收益率曲线。当金融市场出现暂时性的震荡时，商业银行通过进入国债期货市场，能够减少现货市场的风险压力，在一定程度上能够减轻金融市场系统性风险引发的流动性风险，进一步巩固国债收益率的“锚定利率”地位。

三、案例使用说明

（一）教学用途和教学目标

1. 教学用途

本案例适用于“金融衍生工具”章节或“商业银行业务与管理”章节的“商业银行风险管理”的教学。

2. 教学目标

（1）掌握商业银行、保险机构入市政策对金融体系的意义。

（2）掌握商业银行、保险机构入市政策对金融机构的影响。

（二）案例讨论的准备工作

（1）学生应提前预习金融风险管理的相关知识，对于金融机构风险管理措施有大致的认识。

（2）学生们应提前查阅相关资料，了解什么是国债期货。

（三）案例分析要点

1. 启发思考题

分别从宏观角度、金融机构角度和投资者角度，分析商业银行、保险机构入市政策的出台对它（他）们有哪些影响？

2. 分析思路

引导学生从宏观、金融机构、投资者三个角度进行分析。参考答案如下：

宏观角度。商业银行、保险机构参与国债期货交易，有助于我国完善金融市场，促进现代化金融体系建立；有助于进一步鼓励根据价值发现和市场激励来分配金融资源。

金融机构角度。国债期货作为对冲风险的衍生品交易工具，商业银行、保险机构入市政策的出台，丰富了商业银行和保险机构的交易工具，为其进行风险对冲和套期保值提供了更多的交易可能性。

投资者角度。在发布银保入市政策之前，我国国债期货市场的投资者结构相对简单。通过允许商业银行和保险机构参与国债期货市场交易，我们可以增加市场投资者的种类并改善投资者的结构。此外，改善国债期货市场的投资者结构将进一步增强中国国债市场的吸引力，并为未来的外国投资者参与国债期货市场创造有利条件。

四、案例总结

综上而言，商业银行和保险机构参与国债期货市场，对其自身而言可以降低风险管理成本，提高资金使用效率，更好发挥资源配置功能，提升服务实体经济能力。对整个金融市场体系而言，多样化的投资者结构更有益于市场的稳定，国债期货市场投资者的丰富将提高金融市场的整体吸纳能力。

参考文献

[1] 许可，刘静怡. 我国商业银行参与国债期货路径分析：美国经验与中国选择 [J]. 银行家，2020（9）：87-89.

[2] 李扬. 商业银行和保险机构参与国债期货交易有助于完善金融市场体系 [J]. 中国保险，2020（4）：4.

[3] 张革. 商业银行及保险机构参与国债期货市场的意义及增量预测 [J]. 债券，2020（10）：53-57.

[4] 宗军，陈森. 稳妥推进银行参与国债期货 [J]. 中国金融，2019（20）：76-77

[5] 刘玄，张晟畅. 推进银行和保险机构参与国债期货 [J]. 中国金融，2020（5）：80-81

[6] 姜淑萍. "改革是社会主义制度的自我完善"：对邓小平关于如何坚持和完善中国特色社会主义制度论述的思考 [EB/OL].（2018-06-20）[2020-11-20]. http://dangshi.people.com.cn/n1/2018/0620/c85037-30068098.html.

[7] 杨敏. 杨敏：全面发挥党的领导在防控金融风险中的重要作用 [EB/OL].（2019-02-27）[2020-11-03]. https://www.sohu.com/a/297986941_603349.

中国利率市场化渐进式改革

——金融深化的中国模式

尚玉皇[1]

一、案例正文

随着宏观经济结构的调整，我国利率市场化主要经历了如下三个阶段：

第一阶段（1993—1999年），货币市场利率市场化，商业银行贷款利率开始上浮。

我国的利率市场化首先是从货币市场开始的。1996年6月，中国人民银行放开了银行间同业拆借利率，利率市场化改革正式拉开序幕。货币市场下产生的均衡利率，能够较好地反映市场上资金的供需情况，以此作为其他利率的参考，或者利率“锚”。1997年6月银行间债券回购利率随之放开。1998年8月，国开行在银行间债券市场首次进行了市场化发债，国债发行也开始采用市场招标形式。伴随着银行间市场利率、国债和政策性金融债发行利率的市场化，货币市场的均衡利率决定机制逐渐形成。

1998—1999年，中国人民银行多次扩大金融机构贷款利率浮动区间，要求各金融机构建立贷款内部定价和授权制度，商业银行开始探索利率的市场化定价机制能力。

第二阶段（1999—2013年），贷款利率完全放开，存款利率开始浮动。

1999年10月，商业银行存款利率市场化初步尝试，这一尝试先从大额定期存款、外币存款业务着手。中国人民银行批准中资商业银行法人对中资保险公司法人试办由双方协商确定利率的大定额定期存款。2003年7月，进一步放开了英镑、瑞士法郎和加拿大元等部分外币小额存款的利率管制。

存款利率浮动试点首先从农村信息社开始。2002年3月，中国人民银

① 尚玉皇，西南财经大学中国金融研究中心教授。

行在全国范围内选取了8个县（市）的农村信用社（城关网点除外，即市区、县城的网点除外）开展试点，允许试点农村信用社存款利率上浮30%，贷款利率上浮70%。

2004年10月，中国人民银行完全放开金融机构人民币贷款利率上限（城乡信用社依然有上限2.3倍），贷款利率下浮的幅度为基准利率的0.9倍，贷款利率浮动区间不再根据企业所有制性质、规模大小分别制定。与此同时，允许银行的存款利率都可以下浮。

2005年3月，金融机构同业存款利率全面放开。2007年1月上海银行间同业拆放利率（Shanghai interbank offered rate，Shibor）正式投入运行，央行希望其将来能成为货币市场的重要参考利率。

2012年6月，中国人民银行将存款利率浮动区间的上限调整为基准利率的1.1倍，存款利率上限首次浮动。同时，贷款利率浮动区间的下限调整为基准利率的0.7倍。

2013年7月，金融机构贷款利率管制全面放开，金融机构贷款利率的下限取消，金融机构可自主确定贷款利率水平，贷款利率完全实现市场化，但金融机构形成风险定价能力的水平高低不一。同时，票据贴现利率管制也一并取消，改变了原先贴现利率在再贴现利率基础上加点确定的方式，由金融机构自主定价。

第三阶段（2014年至今），商业银行存款利率完全放开。

2014年11月，为加速推进利率市场化改革，中国人民银行将存款利率浮动区间的上限调整至基准利率的1.2倍，并对基准利率期限档次作适当简并。后来，2015年，又缓步提升至1.3倍、1.5倍。当时大部分银行一般都是在政策出台后将存款利率上浮到顶，这意味着存款的"均衡利率"远高于当时的上限。

2015年10月24日，中国人民银行决定对商业银行和农村合作金融机构等不再设置存款利率浮动上限。至此，中国利率市场化进程在形式上基本完成。

2019年8月16日，全国人民代表大会常务委员会提出改革完善贷款市场报价利率形成机制。2019年8月17日上午，中国人民银行公告称，2019年8月20日将首次发布新的LPR（贷款市场报价利率）形成机制，推动降低实体经济融资成本。与贷款基准利率不同，LPR不是央行发布的利率，而是通过18家报价银行（去除一个最高价和一个最低价）报利息差的平均值。

2019 年 12 月 28 日，中国人民银行公布自 2020 年 3 月 1 日起，金融机构应与存量浮动利率贷款客户就定价基准转换条款进行协商，将原合同约定的利率定价方式转换为以 LPR 为定价基准加点形成（加点可为负值），加点数值在合同剩余期限内固定不变；也可转换为固定利率。定价基准只能转换一次，转换之后不能再次转换。已处于最后一个重定价周期的存量浮动利率贷款可不转换。

二、案例的思政元素

（一）我国利率市场化改革体现了中国特色社会主义的制度自信

我国利率市场化改革是政府自上而下推动，逐步试点放开的典范。中国人民银行依次放开了货币市场，贷款市场和存款市场的利率管制。市场化利率机制有助于货币政策传导效果，有利于人民币国际化和商业银行转型升级。同时中国利率市场化过程一直面临保增长和防风险的短期阻力，这就使得我国只得选择渐进式改革的模式。实践证明，渐进式利率市场化改革减少了金融抑制行为，完成了金融深化的目标。我国利率市场化改革是中国特色社会主义市场经济发展的内在要求，是中国制度自信的成功典范。我国利率市场化改革是社会主义市场经济的有机构成部分。

（二）我国利率市场化改革体现了中国特色社会主义的道路自信

利率市场化是指金融资产的利率由市场主体自主决定利率的过程。利率市场化是个老生常谈的话题。该案例有助于理解我国利率市场化的基本逻辑和实践场景，为我国金融市场改革提供重要的经验借鉴，对金融市场产生深远意义。金融资产价格市场化改革的理论基础是麦金农和肖创立的金融抑制和金融深化理论。目前，我国已基本完成利率市场化进程，我国利率市场化改革基于中国国情，立足中国现实，是中国特色社会主义道路在金融领域的具体体现，充分体现了中国特色社会主义的道路自信。

三、案例使用说明

（一）教学用途和教学目标

1. 教学用途

本案例适用于“利率与利率计算”或“商业银行业务与管理”相关章节的教学。

2. 教学目标

（1）掌握利率的分类，理解基准利率、存款利率、贷款利率等相关概念。

（2）掌握中国利率市场化带给我们的启示。

（二）案例讨论的准备工作

（1）学生应提前预习利率的分类以及了解商业银行的贷款利率。

（2）学生们应提前查阅相关资料，了解中国利率市场化进程以及典型事件。

（三）案例分析要点

1. 启发思考题

（1）结合案例，说一说我国利率市场化的基本路径是什么。

（2）结合案例，探讨我国利率市场化形成机制是什么。

2. 分析思路

引导学生从中国国情和金融深化理论相结合的角度进行分析。第（1）题参考答案如下：

首先，从中国国情出发，我国选择的是社会主义市场经济体制，全面直接的市场化方式不符合中国国情。

其次，从金融深化的角度，我国利率市场化进程是显著提升的。我国利率市场化在金融市场、存款市场和贷款市场均有标志性事件。

第（2）题参考答案如下：

第一，适应中国国情。我国是社会主义大国，金融市场的改革需要和经济发展阶段相适应。利率市场化改革选择渐进方式和我国经济发展阶段相适应。

第二，尊重市场规律。利率市场化可以避免金融资产价格的扭曲，有助于提高金融市场的资源配置效率。我国利率市场化遵循了市场经济的基本规律。在利率市场化的重要节点上，充分体现市场在资源配置中的主体作用。

四、案例总结

上述案例分析表明我国利率市场化改革是渐进式改革的成功典范，渐进式利率市场化改革减少了金融抑制行为，是金融深化的具体体现形式。我国利率市场化改革充分体现了中国特色社会主义的制度自信、道路自信。

参考文献

[1] 封思贤，朱闻宇. 实施利率走廊机制的国际经验及启示 [J]. 经济学家，2018 (1)：79-87.

[2] 李宏瑾，苏乃芳. 中国隐性利率双轨制及其对市场利率的影响 [J]. 财经问题研究，2018 (8)：42-50

[3] 孙国峰，段志明. 中期政策利率传导机制研究：基于商业银行两部门决策模型的分析 [J]. 经济学（季刊），2017，16 (1)：349-370.

2020 年上半年央行三次降准

翁舟杰　钟文欣①

一、案例正文

（一）2020 年 1 月 6 日全面降准

中国人民银行于 2020 年 1 月 1 日发布公告称：为支持实体经济发展，降低社会融资实际成本，中国人民银行决定于 2020 年 1 月 6 日下调金融机构存款准备金率 0.5 个百分点（不含财务公司、金融租赁公司和汽车金融公司）。中国人民银行将继续实施稳健的货币政策，保持灵活适度，不搞大水漫灌，兼顾内外平衡，保持流动性合理充裕，货币信贷、社会融资规模增长同经济发展相适应，激发市场主体活力，为高质量发展和供给侧结构性改革营造适宜的货币金融环境。

（二）2020 年 3 月 16 日定向降准

中国人民银行于 2020 年 3 月 13 日发布公告称：为支持实体经济发展，降低社会融资实际成本，中国人民银行决定于 2020 年 3 月 16 日实施普惠金融定向降准，对达到考核标准的银行定向降准 0.5 至 1 个百分点。在此之外，对符合条件的股份制商业银行再额外定向降准 1 个百分点，支持发放普惠金融领域贷款。以上定向降准共释放长期资金 5 500 亿元。中国人民银行实施稳健的货币政策，更加灵活适度，把支持实体经济恢复发展放到更加突出的位置，不搞大水漫灌，兼顾内外平衡，保持流动性合理充裕，货币信贷、社会融资规模增长同经济发展相适应，为高质量发展和供给侧结构性改革营造适宜的货币金融环境。

（三）2020 年 4 月 15 日定向降准

中国人民银行于 2020 年 4 月 3 号发布公告称：为支持实体经济发展，促进加大对中小微企业的支持力度，降低社会融资实际成本，中国人民银行

---

① 翁舟杰，西南财经大学金融学院教授；钟文欣，西南财经大学金融学院硕士研究生。

决定对农村信用社、农村商业银行、农村合作银行、村镇银行和仅在省级行政区域内经营的城市商业银行定向下调存款准备金率 1 个百分点，于 4 月 15 日和 5 月 15 日分两次实施到位，每次下调 0.5 个百分点，共释放长期资金约 4 000 亿元。中国人民银行决定自 4 月 7 日起将金融机构在中国人民银行超额存款准备金利率从 0.72%下调至 0.35%。中国人民银行实施稳健的货币政策更加灵活，把支持实体经济恢复发展放到更加突出的位置，注重定向调控，兼顾内外平衡，保持流动性合理充裕，货币信贷、社会融资规模增长同经济发展相适应，为高质量发展和供给侧结构性改革营造适宜的货币金融环境。

二、案例的思政元素

（一）扶持弱小，走全面发展之路

社会主义是全面发展的社会，全面发展是社会主义的内在要求。小微企业的发展在扩大就业、推动创新发展、增加居民收入、维护社会稳定等方面具有不可替代的作用，但小微企业融资难问题长期存在，严重影响小微企业的健康发展。

两会期间，对小微企业的金融支持被写进 2020 年政府工作报告：“鼓励银行大幅增加小微企业信用贷、首贷、无还本续贷，大幅拓展政府性融资担保覆盖面并明显降低费率。大型商业银行普惠型小微企业贷款增速要高于 40%。”这些均体现了党和国家对小微企业发展的重视。

中国人民银行于 2020 年 1 月 6 日实施年内第一次降准，进行逆周期调节。释放长期资金 8 000 多亿元，各类金融机构的资金来源得到了有效扩充，帮助和引导大型银行机构更有能力下沉服务重心，中小银行更聚焦主责主业，更加积极地将此次降准释放的资金用于加大对中小微民企的信贷支持力度。在此次全面降准中，仅在省级行政区域内经营的城市商业银行、服务县域的农村商业银行、农村合作银行、农村信用合作社和村镇银行等中小银行获得长期资金高达 1 200 多亿元，有利于增强立足当地、回归本源的中小银行服务小微、民营企业的资金实力。同时，此次降准降低银行资金成本每年约 150 亿元，通过银行传导可降低社会融资实际成本，推动实体经济发展。

中国人民银行于 2020 年 3 月 16 日实施年内第二次降准。此次降准是普惠金融定向降准，释放长期资金 5 500 亿元，其中对达到普惠金融定向降准考核标准的银行释放长期资金 4 000 亿元，对符合条件的股份制商业银行再额外定向降准 1 个百分点，释放长期资金 1 500 亿元。此次定向降准释放长期资金有效增加银行支持实体经济的稳定资金来源，每年还可直接降低相关银行付息成本约 85 亿元，通过银行传导有利于促进降低小微、民营企业贷款实际利率，直接支持实体经济。此次定向降准兼顾主动推动和事后激励，用市场化改革办法疏通货币政策传导，有利于激发市场主体活力，进一步发挥市场在资源配置中的决定性作用，支持实体经济发展。

中国人民银行于 2020 年 4 月 15 日实施年内第三次降准，本次定向降准面向中小银行，获得定向降准资金的中小银行有近 4 000 家，在银行体系中家数占比为 99%。此次降准释放长期资金 4 000 亿元，有效增加中小银行支持实体经济的稳定资金来源，还可降低银行资金成本每年约 60 亿元。降低中小银行存款准备金率，将增加中小银行的资金实力，有助于引导中小银行以更优惠的利率向中小微企业发放贷款，扩大涉农、外贸和受疫情影响较严重产业的信贷投放区域，增强对实体经济恢复和发展的支持力度。

（二）从实际出发，及时调整货币政策

一切从实际出发是马克思主义的根本原则，是马克思主义政党思想路线的核心内容，我们必须在实践中坚定不移地坚持这一根本原则。一切从实际出发要求从当代中国实际出发。

在新冠肺炎疫情前，在 2019 年 12 月 19 至 21 日召开的中央经济工作会议指出：积极的财政政策要大力提质增效，更加注重结构调整，发力点应是专项债和扩基建；稳健的货币政策要灵活适度，保持流动性合理充裕，重点是要疏通货币政策传导机制，增加制造业中长期融资，更好地缓解民营和中小微企业融资难融资贵问题。与此同时，财政政策、货币政策要同消费、投资、就业、产业、区域等政策形成合力，尤其是在高端制造、民生建设、基础设施短板等领域。中国人民银行在 2020 年 1 月 6 日实施的年内第一次降准是针对当时的经济运行态势做出的逆周期调节。此次降准将利于稳增长、提振市场信心、利好股市；对实体经济而言，降准提振信心，引导资金支持民营经济和制造业，并能配合支持财政发力，提振经济，助力实体经济发展。

在 2020 年新冠肺炎疫情暴发后，我国经济发展受到了巨大的冲击。中国人民银行从实际出发，多次出台包括降准政策之内的一系列货币政策。2020 年 3 月 16 日和 4 月 15 日的两次定向降准，是为了应对经济环境的变化，对冲疫情带来的负面冲击，稳定市场预期。其一，定向降准有利于降低小微、民营企业贷款实际利率，带动实体经济融资成本下行，减轻企业利息支出负担，降低偿债风险，化解局部危机。其二，受疫情影响，企业短期资金周转需求上升、中长期投融资需求下降。定向降准有助于提升实体经济尤其是中小微、民营企业的融资可得性，增加企业贷款，支持企业复工复产，缓解疫情冲击下的现金流及资金链压力。其三，定向降准政策出台，股份制银行额外降准，表明央行货币政策工具箱的充足性及操作上的灵活性，有助于进一步对冲疫情带来的负面冲击，稳定市场预期。但值得注意的是，疫情全面冲击实体经济需求，单靠降准无法实际缓解，金融机构和实体企业预期的改善需要更丰富的逆周期政策组合。

中国人民银行实施稳健的货币政策，灵活适度，把支持实体经济恢复发展放到更加突出的位置，不搞大水漫灌，兼顾内外平衡，保持流动性合理充裕，货币信贷、社会融资规模增长同经济发展相适应，为经济恢复和高质量发展营造适宜的货币金融环境。

三、案例使用说明

（一）教学用途和教学目标

1. 教学用途

本案例适用于“货币政策工具”章节的“法定准备金率”部分的内容教学。

2. 教学目标

（1）知识层面：

理解准备金政策以及央行三次降准的规模、性质、目的。

掌握央行降准对经济的影响机制。

（2）能力层面：

教师通过对理论的讲解，帮助学生系统地掌握央行三次降准的成因及对经济社会的影响，并结合案例，设置两个问题让学生讨论分析；通过讨论和总结，帮助学生学会观察分析经济事件、现象，培养学生解决经济问题的能力。

（3）素质层面：

形成专业意识，理解法定准备金率是我国货币政策三大工具之一；掌握新时代下中国宏观经济运行的特征，关注国家货币政策出台背景、实施效果。

提高职业素养，通过案例的学习及对中国现阶段经济发展的分析，结合党的十九大精神和其他重要思政元素，拓宽学生视野，引导他们关心国家大事和天下大事，增强社会责任感。

（二）案例讨论的准备工作

（1）学生们应提前查阅相关资料，了解中小企业融资现状、中国人民银行出台的相关货币政策等。

（2）学生应提前预习存款准备金政策相关知识，对于存款准备金政策对经济的影响机制有大致的认识。

（三）案例分析要点

1. 启发思考题

（1）结合案例，分析央行三次降准带来的影响。

（2）结合案例，探讨如何缓解中小企业融资问题，推动实体经济发展。

2. 分析思路

引导学生从多角度进行分析。第（1）题的参考答案如下：

中国人民银行2020年1月6日全面降准的影响：此次降准有利于稳增长、提振市场信心、利好股市；对实体经济而言，降准提振信心，引导资金支持民营经济和制造业，并能配合支持财政发力，提振经济。

中国人民银行2020年3月13日定向降准的影响：对银行信贷而言，定向降准释放长期资金，有效增加银行信贷资金来源，降低负债成本，缓解息差压力。此次定向降准释放长期资金5 500亿元，有效增加银行支持实体经济的稳定资金来源，在受疫情冲击背景下，支撑新增信贷投放，支持地方政府专项债的发行，缓解股份制银行、中小银行负债端压力。同时，降准可降低银行资金成本每年约85亿元，有效降低银行负债成本，有助于缓解贷款利率持续下行、LPR存量换锚对银行净息差的冲击。对实体经济而言，定向降准有助于降低融资成本、增加实体经济融资可得性，降低偿债风险，减轻现金流压力，支持企业复工复产。

中国人民银行2020年4月3日定向降准的影响：对银行信贷而言，定向降准释放长期资金，有效增加中小银行信贷资金来源，降低负债成本，缓解息差压力。每年节约资金成本约60亿元，进一步缓解因贷款利率持续下行、LPR存量换锚对银行净息差的冲击。增强中小银行的资金实力，提高中小银行信贷积极性，引导商业银行加大对实体经济的贷款支持力度。对实体经济而言，支持企业复工复产，稳定在疫情中受损最重的中小企业。降准使得中小银行以更优惠的利率向中小微企业发放贷款，扩大涉农、外贸和受疫情影响较严重产业的信贷投放，带动实体经济融资成本下行。

第（2）题参考答案如下：

第一，继续推进金融制度改革，加快金融市场建设和金融机构发展，不断完善我国的金融体系。主要包括：不断推进各类型的金融机构的发展，培育一些中小型金融机构，不断拓宽中小企业的融资渠道，如推进发展社区银行、村镇银行等；对一些为中小企业提供贷款的大型金融机构进行财政税收方面的优惠；鼓励它们通过金融租赁、信托以及金融市场等方式进行融资。实现我国金融机构和中小企业同时进步共同发展的局面。

第二，完善中小企业信用担保体系。中小企业融资困难最根本的问题其实就是中小企业的信用问题。银行之所以不愿意将资金贷给中小企业无非就是出于风险管理的角度考虑。另外，还要健全相关的法律政策，加大对失信企业和企业逃税漏税行为的处罚力度，让中小企业加强信用建设并建立完善财务制度，这样才能获得金融机构的青睐。

第三，各级政府要加大对中小企业的政策支持，同时中小企业也要通过提升企业核心竞争力增强企业自身融资能力。中小企业由于自身的特质，需要政府的一定支持，这在世界各国基本是统一的共识。多年来我国推出过不少推进中小企业发展的政策，与以前相比，中小企业所处的政策环境已经得到了很大的改善，但是仍旧有亟须完善的地方。中小企业所在地区的政府务必要重视中小企业发展的工作，为企业发展提供政策上强有力的支持。当然，除了外部的政策支持以外，中小企业自身也需要通过提升企业核心竞争力来增强企业自身融资能力。

四、案例总结

货币政策是重要的宏观经济政策，货币政策和财政政策一起，在管理和调节宏观经济中发挥着重要的作用。

小微企业的发展在扩大就业、推动创新发展、增加居民收入、维护社会稳定等方面具有不可替代的作用，但小微企业融资难的问题长期存在，严重影响小微企业的健康发展。2020 年以来，在疫情的严重影响下，小微企业的生存和发展问题越发严峻。对此，党和国家高度重视，出台了一系列财政政策和货币政策。

存款准备金政策是货币政策三大工具之一。根据课本知识我们知道，降低存款准备金率有利于货币供给的增长，是一种扩张的货币政策，对刺激经济有帮助。对此，中国人民银行在 2020 年上半年多次运用准备金政策，不仅普降了准备金率，还运用结构化工具，对普惠金融和中小金融机构定向降准。这些措施很好地扶持了弱小，帮扶了小微金融机构和小微企业，为对冲疫情影响和促进经济增长发挥了重要作用。

参考文献

[1] 新浪网. 任泽平：央行全面降准利好经济 利好市场 [EB/OL]. (2020-01-02) [2020-12-01]. http://finance.sina.com.cn/zl/2020-01-02/zl-iihnzahk1422795.shtml.

[2] 任泽平，石玲玲，王孟媖. 全面解读 43 定向降准对经济股债房的影响 [EB/OL]. (2020-04-05) [2012-12-01]. https://baijiahao.baidu.com/s? id=1663124933580488012&wfr=spider&for=pc.

[3] 任泽平. 如何让降息降准有效：点评 313 定向降准和 2 月金融数据 [EB/OL]. (2020-03-14) [2020-12-01]. https://www.sohu.com/a/379957164_467568? sec=wd.

[4] 张鹏月，王芳，朱韬融，等. 央行定向降准为复工复产创优环境 [J]. 企业科技与发展，2020 (9)：143-144.

[5] 鞠远飞. 中小企业融资困境及策略探究 [J]. 中国中小企业，2020 (11)：189-190.

人民币加入 SDR 与人民币的国际化进程

唐　莹[1]

一、案例正文

（一）人民币国际化

2008 年，国际金融危机爆发，美元、欧元、日元等主要国际储备货币汇率大幅波动，企业和个人对人民币跨境使用的需求越来越高。人民币国际化在市场呼声中启动。特别是党的十八大以来，人民币加入特别提款权（SDR），国际货币地位初步奠定，资本项目可兑换有序推进，金融市场开放成效显著。

根据成思危（2014）的研究，一国货币的国际化是指该国所发行的主权货币能够正常地在国际上进行流通及使用。国际化的货币不仅成为国际上通用的工具货币（支付手段），而且被赋予了很多新的重要功能，主要包括价值储藏、交易媒介、记账单位等。人民币国际化就是要实现五个目标：一是人民币可在境内外自由兑换成外币；二是在国际贸易合同中可以人民币为计价单位；三是在国际贸易结算中可采用人民币作为支付货币；四是人民币可作为国际投资和融资的货币；五是人民币可作为储备货币。

稳步推动人民币国际化是我国积极参与世界经济活动的重要战略举措，也是我国经济金融事业蓬勃发展的必然要求。经过四十多年的改革开放，我国已然成为世界第二大经济体、第一大工业国、第一大货物贸易国、第一大外汇储备国，金融体系及人民币的稳定性更是史无前例地得到了印证。习近平总书记在中央财经领导小组第十六次会议上指出："扩大金融业对外开放是我国对外开放的重要方面。要合理安排开放顺序，对有利于保护消费者权

① 唐莹，西南财经大学金融学院副教授。

益、有利于增强金融有序竞争、有利于防范金融风险的领域要加快推进。要有序推进资本项目开放，稳步推动人民币国际化，继续完善人民币汇率形成机制，保持人民币汇率在合理均衡水平上的基本稳定。”

（二）人民币加入 SDR 的发展历程

人民币加入 SDR 之路是漫长而曲折的，主要经历了五个发展阶段（见表 1）。2016 年 10 月 1 日人民币正式加入国际货币基金组织（IMF）特别提款权货币篮子，权重为 10.92%，在篮子货币中排名第三，标志着人民币国际化进入新的发展阶段。正如中国人民银行行长易纲所言：“人民币加入 SDR 之路，是中国经济改革开放之路，是中国深度参与全球经济治理之路。”在长期博弈过程中，人民币加入 SDR 是我国经济发展到新阶段的必然结果，也是布雷顿森林体系崩溃后国际货币多元化发展的必然趋势。

表 1　人民币加入 SDR 的历史进程

时间	阶段	进展
1980—1999 年	认知阶段	处于探索与研究时期
2000—2009 年	筹备阶段	人民币入篮的筹备工作全面开展，人民币国际化刚起步，综合国力有待进一步提升
2010—2014 年	尝试加入阶段	中国人民银行开始向 IMF 申请将人民币加入 SDR 货币篮子，人民币国际化处于起步阶段
2015—2016 年	正式加入阶段	人民币正式加入 SDR 货币篮子
2017 年至今	新发展阶段	人民币借助 SDR 进一步国际化，开始承担国际货币职能。中国成为第二大经济体，人民币尚未成为与之地位相匹配的国际货币

人民币国际化本质就是人民币走向世界的过程，也是人民币逐步承担国际货币职能的过程，人民币加入 SDR 货币篮子进一步推动了人民币国际化的发展趋势，提升人民币承担国际货币职能的能力。

首先，人民币交换媒介职能得到进一步完善。就跨境人民币结算而言，2009 年 7 月，中国跨境贸易人民币结算中心试点正式启动，标志着人民币国际化迈开了实质性步伐。随着跨境贸易人民币结算试点的深入开展，在经常项目上，跨国企业更多选择人民币进行跨境收付。2018 年，人民币跨境收付占同期本外币跨境收付总金额的比重为 32.6%，创历史新高，人民币已连续 8 年成为中国第二大国际支付货币。根据 SWIFT 数据，截至 2018 年年末，人民币为全球第五大支付货币，占全球所有货币支付金额比重为 2.07%，排名仅次于美元、欧元、英镑及日元。在资本项目上，境内外机构使用人民币进行直接投资的需求日益增长。对外直接投资和外商直接投资人民币跨境结算从无到有，在直接投资跨境收付中的份额不断扩大，由 2010 年的不到 5%逐年上升至 2018 年的超过 50%，见图 1 所示。人民币跨境贸易融资、境外项目人民币贷款、境内企业境外放款、跨境人民币资金池业务等政策也陆续推出并不断完善。

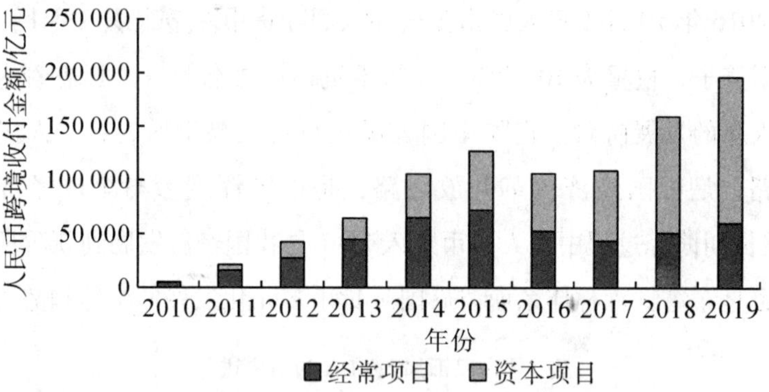

图 1　2010—2019 年人民币跨境收付情况

资料来源：中国人民银行《2020 年人民币国际化报告》。

其次，人民币的价值尺度职能得到进一步体现。人民币发挥国际货币交易媒介职能就要成为国际计价货币。就官方领域而言，这主要体现于人民币在全球外汇储备中占比有所提升。2016 年第四季度，IMF 官方外汇储备货币构成（COFER）中人民币储备规模为 907. 8 亿美元，这是 IMF 首次公布人民币储备信息。根据 COFER 数据，截至 2019 年第四季度末，人民币储备规模达 2 176. 7 亿美元，占标明币种构成外汇储备总额的 1. 95%，排名超过加拿大元的 1. 88%，居第 5 位，这是自 2016 年以来的最高水平。据不完全统计，目前全球已有 70 多个央行或货币当局将人民币纳入外汇储备。就私人领域而言，体现在以人民币计价的国际金融投融资领域。随着我国金融开放及外汇改革的不断深化，人民币在金融领域的计价功能日益显现，如人民币熊猫债券发行规模均与入篮前相比有了大幅提升。2017 年由于受融资成本上升、资本管制加强、房地产企业发债受限等因素的影响，熊猫债券发行量较 2016 年度有所下滑。为重塑市场信心，2018 年 9 月，中国人民银行和财政部联合下发《全国银行间债券市场境外机构债券发行管理暂行办法》（中国人民银行财政部公告〔2018〕第 16 号），系统规范了四类境外机构在中国发债的基本原则，并从“熊猫债”的发行审批、登记托管结算流程、信息披露等方面进行了规范，明确了市场普遍关注的会计准则和审计监管等问题。随着人民币国际化进程的推进和中国债券市场对外开放的深化，“熊猫债”市场将迎来更大的发展空间，如图 2 所示。

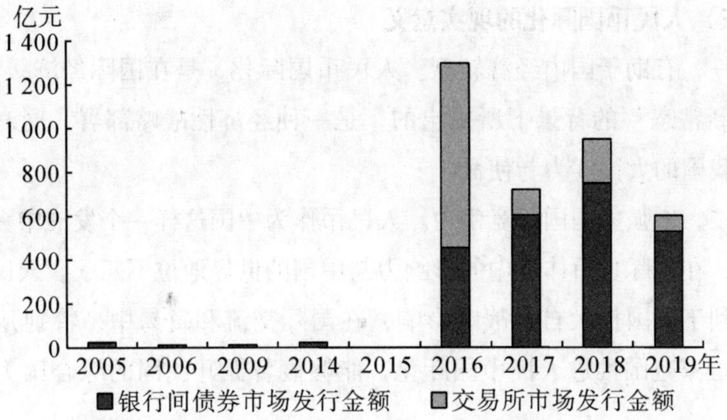

图2　银行间市场和交易所市场“熊猫债”发行规模

资料来源：中国人民银行《2020年人民币国际化报告》。

最后，价值储藏职能得到进一步拓宽。人民币发挥国际货币价值储藏职能就要成为国际储备货币。就官方领域而言，人民币在各国官方储备中稳步增长，2018年第4季度与入篮初期2016年第4季度相比，人民币在各国官方储备中增长了2.2倍。就人民币金融资产投资而言，随着境外主体人民币的积累，使用人民币进行投资和配置资产的需求日趋增长。中国金融市场双向开放进程不断加快，银行间债券市场投资、人民币合格境外机构投资者（RQFII）、人民币合格境内机构投资者（RQDII）、沪深港通、基金互认、债券通、黄金国际板等投资渠道陆续放开。截至2020年5月31日，合格境外机构投资者（QFII）累计获批295家，累计可投资额度1 162.59亿美元；人民币合格投资者（RQDII）累计获批230家，累计投资总额度7 229.92亿元。图3为2016年四季度—2018年四季度人民币在官方外汇储备货币构成（COFER）中的规模占比。

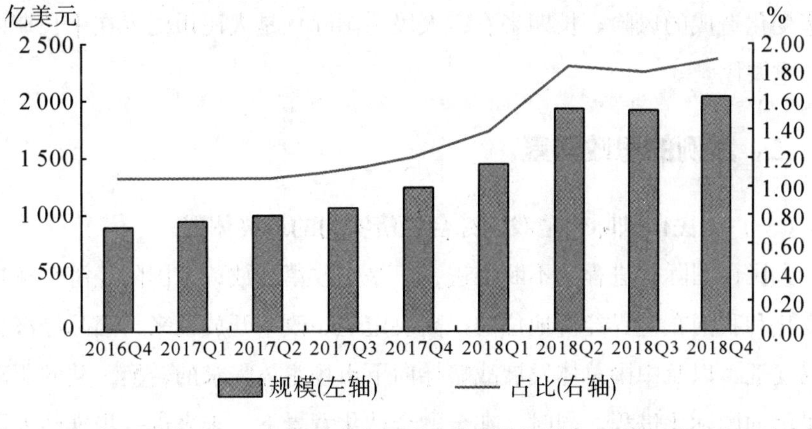

图3　2016年四季度—2018年四季度人民币在官方外汇储备货币构成（COFER）中的规模占比

资料来源：中国人民银行《2020年人民币国际化报告》。

（三）人民币国际化的现实意义

第一，有助于国内经济转型。人民币国际化，是在国际经济缓慢增长、我国"新常态"的背景下所提出的，是一种经济性战略部署，同时也充分体现了我国的大国实力与使命。

第二，增强中国国际竞争力。人民币作为中国这样一个发展中大国的主权货币，在国际货币体系中的影响力与中国的世界地位不匹配。人民币的国际化有利于中国扩大自身战略影响，在国际交流和贸易中，特别是"一带一路"国家范围推进人民币国际化，能够显著提升我国的综合国力和竞争实力。

第三，促进国内金融改革。当前，中国的金融体系的现状存在一定的开放度不够、效率较低、竞争力不强等问题，人民币国际化可以起到进一步深化中国金融体系改革的作用，包括人民币汇率制度改革、利率的市场化改革、商业银行改革、资本市场改革，以增强货币政策的灵活性和自主性、促进金融监管水平提升。

第四，符合国际社会的共同利益。国际货币结构具有一定的竞争性。国际社会明确意识到，货币结构竞争度的提高，可使各国之间利益达到均衡状态。人民币国际化仍旧处于发展初期，人民币还是一种新兴的国际货币，同时人民币国际化也会对邻近国家的经济发展产生积极影响，西方国家中也有不少国家对这一事态表示认可。

第五，稳定人民币汇率。中国是最大的发展中国家，也是外汇储备最多的国家。贸易顺差加上外资净流入造成中国经常项目与资本项目的持续双顺差，外汇储备迅速增加，从 1978 年年底的 1.67 亿美元增至 2019 年年底的 31 079 亿美元。巨额的外汇储备虽然能够增强中国的经济实力，但也面临因汇率变化造成的风险。长期来看，人民币国际化是人民币汇率在中长期内平稳的重要因素。

二、案例的思政元素

（一）人民币国际化是我国综合经济实力的最终体现

人民币国际化进程的不断推进，正是由改革开放以来国际经济金融格局的变化和我国在世界经济地位的提高决定的。改革开放以来，国际经济金融格局变迁，以及中国总体发展战略导向下市场主体需求的转换，共同驱动了人民币的国际化进程。同时，在金融全球化背景下，未来进一步推动人民币国际化，还需要我国发挥健全人民币全球使用的金融基础设施系统、培育有深度的人民币金融产品市场等能动作用。

（二）人民币国际化是一个长期过程

当前，经济全球化不断加深，世界各国之间的经济联系不断加强，各国在经济上相互依赖、相互影响、相互制约。世界的政治经济形势处于不断变化和发展中，中国在世界经济格局中的地位跃升决定了人民币扩大国际使用的长期趋势。顺应中国政治经济实力的不断提高的情况，人民币国际化的历史进程经历了基础夯实、起步跃升与调整巩固等不同阶段，基本遵循从结算货币职能起步到贸易计价与投资交易职能均衡推进，进而提升储备货币国际地位的演进思路。

2016 年 10 月 1 日，人民币以 10.92%的比例正式被纳入 SDR 货币篮子，这标志着人民币从此跻身国际权威机构认可的国际储备货币和“可自由使用货币”俱乐部，人民币在国际金融体系中获得更大话语权。人民币应顺势而为，借助加入 SDR 货币篮子的机遇，提升人民币的国际形象，打破人民币国际化壁垒。但同时由于 SDR 本身存在桎梏，我国政府在借助 SDR 推进人民币国际化的过程中，应当清醒认识，区别对待。借助 SDR 国际平台，不断完善人民币国际货币职能，才能最终实现人民国际化的终极目标。

（三）人民币国际化有助于推动国际货币秩序的和平发展

马克思认为国际货币既是一般商品流通的产物，又是国际扩展流通的手段。随着国际贸易往来愈加广泛频繁，国际货币职能形式发生转变，即由贵金属逐渐演化为纸币。伴随着布雷顿森林体系的解体，这种演化使得当前国际货币体现极强的国家主权属性，最终形成美元霸权的国际货币体系与秩序。在这样的背景下，人民币国际化发展模式不同于美元、日元等传统主权货币的国际化路径选择。人民币国际化的伊始是由我国经济实力不断提高、综合国力不断增强、人民币境外流通规模日趋上升等客观驱动的；人民币国际化程度大幅提升是国际社会在深受美元主导国际货币体系负面影响，继而要求形成包括人民币在内的多元国际货币体系的内在诉求自发催生的。因此，人民币的国际化是符合马克思国际货币理论主旨要义的发展，是维护世界利益格局公平正义的发展，是重塑国际货币秩序的和平发展。随着人民币跨越国界，在境外流通并获得国际广泛认可与使用，人民币的国内货币职能自发向外延伸拓展，即在国际贸易和国际金融领域全面发挥国际货币的计价单位、交换媒介和价值储藏的功能，成为国际结算货币、投资货币和储备货币。

三、案例使用说明

（一）教学用途与教学目标

1. 教学用途

本案例为描述型案例，适用于“货币”和“外汇市场”章节的教学。

2. 教学目标

（1）知识层面。理解货币的定义、职能和层次、货币制度的构成及演变、货币理论、我国货币制度的演变、货币和货币政策在经济运行中的重要性、人民币国际化的含义及现实意义等。

（2）能力层面。帮助学生构建人民币国际化分析能力，让学生学会从重要的国际经济指标中观察和分析全球经济发展形势，并能理解相关政策的实施背景、政策目标及现实意义，培养学生解决经济问题的能力。

（3）素质层面。主要提升学生的逻辑思考能力和思想道德素养。在掌握货币基本知识和马克思货币理论的基础上，拓宽学生视野，树立正确的货币观和价值观。同时，也使学生加深对外汇市场的理解。

（二）案例讨论的准备工作

（1）学生需要预习《货币金融学》中“货币”和“外汇市场”的相关知识，对货币的含义、职能、演变、货币制度及外汇市场有初步认识。

（2）授课教师可事先对案例材料进行简单说明，准备近期经济新闻、国际货币体系发展趋势资料，着重反映我国及国际货币制度及演变，帮助学生深入理解国家人民币制度及人民币国际化问题的理论背景和现实意义。

（三）案例分析要点

1. 启发思考题

（1）货币在现代经济运行中发挥着哪些重要作用？

（2）人民币国际化进程可能面临哪些挑战？

2. 分析思路

第（1）题参考答案：

货币与人类社会以及经济发展息息相关，在各个方面都发挥了重要作用。

首先，从货币的功能来看，货币的积极作用表现在：作为交换媒介，货币降低了产品交换成本，提高了交换效率；降低了价值衡量和比较的成本，为实现产品交换提供了便利；作为价值贮藏形式，货币提供了最具流动性的价值贮藏形式，丰富了贮藏手段。

其次，货币成了推动经济发展和社会进步的特殊力量。一方面，货币出现以后，人们的活动领域得到了很大的扩展，极大地激发了人们的想象力和创造力，对思想文化的进步产生了积极作用。另一方面，人们可以借助货币实现财富的积累和承袭，这不仅激发了人们创造财富的无限欲望，更为扩大再生产创造了条件。没有货币的出现，就没有资本的积累和社会资本的利用。

最后，货币在经济社会运行中发挥着至关重要的作用。在商品生产和交换占主导地位的现代社会中，货币的作用已经渗透到社会经济的各个角落。各国政府运用各种政策对经济进行调控时，货币政策是最重要的经济政策。国际经济贸易和各种交往活动中也需要货币。因此，货币对经济发展、充分就业、物价稳定和国际收支都具有重要的作用，倾向甚至还被称为经济发展的“第一推动力”。

第（2）题参考答案：

首先，增加了货币市场调控难度。随着人民币国际化进程的不断推进，人民币跨境流动的数量与规模都大幅增加。为了进一步让人民币适应世界范围的国际货币职能，我国亟须丰富人民币在金融行业中的投资规模和种类，从而加大了国内货币市场的管控难度。从货币监管方面来看，我国需要将国内实际情况与国外货币政策共同考虑，寻找其中的平衡点，时刻把控国内外货币市场的波动，在不同目标出现冲突的过程中，尽量避免货币政策调控失控的情况产生。其次，人民币汇率波动可能进一步加剧。随着人民币国际化进程的不断深入，人民币汇率的调控逐渐转嫁到国际金融市场的供求关系上，加之一些其他外部因素，使得我国人民币汇率波动愈发显著。最后，外来资本进入可能导致国内资产价格波动加剧。在越来越庞大的跨境贸易中，外来资本的进入不仅可以带来巨大的资金回报，但同时也加剧了资本流动异常风险，进而可能引起国内资产价格的剧烈波动。因此，人民币国际化进程的不断推进，无疑也对我国金融监管提出了更高的要求。

四、案例总结

通过本案例学习，学生在学习“货币金融学”相关知识点的同时，学会运用经济学理论知识分析现实经济发展中的问题，理解当前国际经济发展形势及国家政策，认识到人民币国际化作为我国一项长期战略，取得了令人瞩目的成绩，给我国经济及我国在国际政治中的话语权带来的较大收益。但同时，人民币国际化也面临着较为复杂的国内外经济文化环境，在总结经验的同时应更多地从理论和实践上探索人民币国际化的未来发展道路，使人民币国际化得到有序而稳步的推进，我们应充分认识到实现人民币国际化目标不是一朝一夕就能完成的任务，而是要经历一个长期过程。

参考文献

[1] 习近平. 在中央财经领导小组第十六次会议上的讲话 [OL]. 新华网，2017-07-01，http://www.xinhuanet.com/politics/leaders/xijinping.

[2] 谭小芬，王睿贤. 人民币国际化的进程、经验借鉴与路径选择 [J]. 新视野，2020 (5)：42-48，55.

[3] 陆磊，李宏瑾. 纳入 SDR 后的人民币国际化与国际货币体系改革：基于货币功能和储备货币供求的视角 [J]. 国际经济评论，2016 (3)：41-53.

[4] 张礼卿. 人民币国际化面临的挑战与对策 [J]. 金融论坛，2016，21 (3)：3-8.

[5] 中国人民大学国际货币研究所. 人民币国际化报告2020：上海如何建设全球金融中心 [R/OL]. (2020-08-14) [2020-11-20]. http://www.gov.cn/xinwen/2020-08/14/content_5534896.htm.

[6] 成思危. 人民币国际化之路 [J]. 中国经济周刊，2014 (13)：84-85.

金融科技创新与金融监管之争

——处理好金融发展、金融稳定和金融安全的关系

戴艳萍[①]

一、案例正文

2020年10月24日，阿里巴巴创始人、蚂蚁集团实际控制人马云在第二届外滩金融峰会上谈及金融科技、金融创新与监管问题，抛出许多“爆炸性”言论。一石激起千层浪，引发市场热议。

在市场热烈讨论金融创新与监管的关系之时，国务院金融稳定发展委员会（以下简称金融委）专题会议聚焦相关话题，发出了权威的声音。2020年10月31日，金融委召开的专题会议指出，当前金融科技与金融创新快速发展，必须处理好金融发展、金融稳定和金融安全的关系。要落实党的十九届五中全会精神，坚持市场化、法治化、国际化原则，尊重国际共识和规则，正确处理好政府与市场的关系。既要鼓励创新、弘扬企业家精神，也要加强监管，依法将金融活动全面纳入监管，有效防范风险。监管部门要认真做好工作，对同类业务、同类主体一视同仁。

中关村互联网金融研究院首席研究员董希淼对澎湃新闻记者表示，“金融委的专题会议十分及时。”麻袋研究院高级研究员苏筱芮认为，金融委的专题会议说明了金融创新是有前提条件、是有基本任务的，那就是要处理好金融发展、金融稳定和金融安全的关系，释放出数字经济时代监管对金融创新的审慎态度，对金融风险的重视与关注。

第一，尊重国际共识和规则。

马云在外滩金融峰会上剑指巴塞尔协议，认为巴塞尔协议限制欧洲在金融数字化等方面的整体创新。

公开资料显示，巴塞尔协议是巴塞尔委员会制定的在全球范围内主要的银行资本和风险监管标准，从1988年出台第一个准则文件开始，巴塞尔协

① 戴艳萍，西南财经大学金融学院教师。

议不断修订与完善，2010 年 9 月《巴塞尔协议Ⅲ》正式出台，它可以说是全球金融监管的基础。《巴塞尔协议Ⅲ》的监管指标体系整体上由资本充足率、杠杆率和流动性指标三大部分构成，对于系统重要性金融机构，还提出了额外的资本要求和拨备率约束。

马云将《巴塞尔协议》形容是“老年人俱乐部”，认为其“要解决的是运转了几十年的金融体系老化的问题，系统复杂的问题。”金融和其他刚成长起来的发展中国家一样，还没有成熟的生态体系，没有完完全全流动起来。今天的中国存在的是缺乏金融系统的风险，不是金融系统性风险。

2020 年的金融委专题会议指出：“要落实五中全会精神，坚持市场化、法治化、国际化原则，尊重国际共识和规则，正确处理好政府与市场的关系。”

实际上，巴塞尔协议在实施过程中也具有弹性。财政部副部长邹加怡在外滩金融峰会上也提到了巴塞尔协议，她表示，面对疫情冲击，《巴塞尔协议Ⅲ》实施期限适度放宽，各国金融监管容忍度适当提高，对维护金融稳定和推动经济复苏，发挥了重要作用。

资深学者张非鱼在 2020 年 10 月 31 日晚间发布的《关于金融创新与监管的几点认识》一文中指出，面对类似影子银行的创新业务，必须要强调监管的一致性，特别要重视新巴塞尔协议的作用和实施。他认为，现在不应是讨论《巴塞尔协议》要不要，而是要强调《巴塞尔协议》如何在创新业务中适用。《巴塞尔协议》诞生之初就是为了保障银行业监管在国际是标准一致的，强调对于同属于银行业务要有同样的监管标准。

10 月 25 日，证监会原主席肖钢在第二届外滩金融峰会全体大会三暨成方金融科技论坛上海峰会上发布的 CF40 课题报告《数字金融的创新与规制——如何构建前瞻性、平衡型的国际监管框架》也提出，构建数字金融监管框架，要打造升级版的《巴塞尔协议Ⅲ》，根据数字金融发展的实践增加新的监管指标。

第二，对同类业务、同类主体一视同仁。

金融委专题会议提出监管要“对同类业务、同类主体一视同仁。”

金融科技概念大行其道的同时，许多观点试图区分金融科技和传统金融业务、“新金融”与“旧金融”。

在此一周前，马云提出了“新金融体系”概念。他认为，“今天的银行延续的还是当铺思想，抵押和担保就是当铺”。而抵押的当铺思想，是不可能支持未来 30 年世界发展对金融的需求的。需借助技术能力，用大数据为基础的信用体系来取代当铺思想。马云表示，未来的金融体系唯一的标准应该是是否普惠、包容、绿色、可持续，背后的大数据、云计算和区块链等前沿技术，今天能够担当起巨大责任。

同样在第二届外滩金融峰会上，财政部副部长邹加怡则指出，金融科技并没有改变依靠信用、使用杠杆的金融本质。

“金融科技本质上是一种技术驱动的金融创新活动。无论叫金融科技还是科技金融，始终不能忘记金融属性，不能违背金融运行的基本规律，否则必然会受到市场的惩罚。”十三届全国政协经济委员会主任尚福林也如是说。

张非鱼则在文中指出，进入金融服务业的大型科技公司（BigTech 公司）本质是金融服务，而且没有改变基于信息处理的金融中介模式，只是把一些原本属于关系型贷款的转向了交易型贷款。

“事实上，目前的金融科技业务和传统银行没什么本质区别。在我国几家 BigTech 公司的金融业务中，最赚钱的是消费信贷业务，本质上也是吃利差模式。”张非鱼表示。

对于银行的“当铺思维”，张非鱼认为，从事金融服务的 BigTech 公司与银行贷款一样，在实际放贷中也使用担保品，担保品至少有现金担保、应收账款担保、摊位费担保三种。

因此，张非鱼认为，对待金融科技业务，从规范业务发展、防范化解金融风险的角度，必须针对其中承担风险的业务环节进行金融监管，并且遵循金融监管的一般规律。

中国互联网金融协会会长李东荣在第二届外滩金融峰会明确表示，所有的金融业务都该纳入监管，不管移动金融、互联网金融、金融科技，还是数字金融、智能金融，本质还是金融，同类业务适用同等监管的一致性原则。

苏筱芮也提到，金融创新更多的其实是技术创新，金融业务本身并没有太多创新，从监管职能的分工来看，有央行、银保监会和证监会，从金融消费者接触的产品来看，有投资理财、借贷和保险，其实都在监管的框架内。

第三，既要鼓励创新，也要加强监管。

强调金融监管和金融安全，是不是就要扼杀创新？

此次金融委专题会议明确指出，既要鼓励创新、弘扬企业家精神，也要加强监管，依法将金融活动全面纳入监管，有效防范风险。

“做没有风险的创新，就是扼杀创新，这世界上没有没风险的创新。很多时候，把风险控制为零才是最大的风险”，马云如是说。

资深学者周矍铄在央行媒体金融时报客户端撰文指出，大型互联网企业进入金融领域的问题和风险有五点：一是垄断和不公平竞争；二是产品和业务边界模糊，为监管套利提供了可能；三是信息技术可控性、稳定性风险；四是数据泄露与侵权风险；五是系统性风险，金融风险传染可能在极短时间内迅速演变为系统性风险。

张非鱼也同样提到垄断风险、金融风险传染性和隐私泄露风险，此外他认为还有部分 BigTech 公司金融价值观扭曲，可能诱导过度负债消费。

苏筱芮认为，当下金融创新有两种风险，一是非法金融活动的风险，以创新之名行非法集资之实；另一种是技术风险，以科技为名从事实质上的金融活动甚至对金融机构形成裹挟之势，“最近各界对大科技公司的讨论正是这种担心”。

董希淼对澎湃新闻记者表示，金融监管十分重要，不能削弱只能全面加强。

“良好的金融监管并不会妨碍金融创新，反而为金融创新和金融稳定提供保障。所以，加强金融监管、维护金融稳定十分必要。”董希淼撰文指出。

张非鱼也在文中指出，对 BigTech 公司的监管，金融监管部门要敢于说“不”，否则就容易被其科技属性误导，被舆论所绑架，不进行有效监管，最终扭曲市场，产生金融风险。

第四，金融监管该如何与时俱进。

董希淼认为，金融监管也存在不少问题和不足：从监管模式看，以分业监管、机构监管为主的模式，存在监管空白和监管漏洞，对跨市场、跨行业、跨领域的交叉性金融风险防范不足；从监管对象看，存在非对称监管现象，对非金融机构从事金融的行为监管偏少、偏软；从监管制度看，持续出台的大量规章制度层级较低，监管权威性不足，尤其是对非金融机构处罚力度偏软。

“好的数字金融监管，既要为数字金融发展营造包容、审慎的监管环境；又要与时俱进，提升监管协调性、有效性，有效防范系统性风险。”肖钢在《数字金融的创新与规制——如何构建前瞻性、平衡型的国际监管框架》报告发布会上表示。

肖钢提出，传统监管注重“大而不能倒”的风险，而新型数字金融监管不仅要关注大机构，还要关注小而分散的长尾风险。数字金融监管已超越金融机构，需要多元共治，加强国际合作。

而该报告中指出，建立一套适配、有效的创新型数字金融监管框架，需要在原有监管框架基础上，形成“双导向、三支柱、多元共治”的新体系。双导向就是要坚持风险导向和技术导向并重，更加重视对技术的监管。三支柱，一是审慎监管，二是业态监管，三是技术监管。

周矍铄也在文章中提到审慎监管和技术监管，他还表示加快建立大型互联网企业有效监管框架需要：加强顶层设计，完善监管制度体系；严格市场准入，全面推行功能监管；加强消费者权益保护，在平衡个人信息保护的基础上，加强数据管理，防止数据垄断。

董希淼除了指出完善宏观慎重管理外，也提出几点改进建议：一是加强监管协调，充分发挥国务院金融委作用，实施功能监管，减少监管空白和多头监管；完善监管法律，尽快完成《中华人民共和国中国人民银行法》《中华人民共和国商业银行法》等相关法律的修改，为加强监管提供法律支持；坚持对称监管，通过改进监管方式，鼓励金融机构良性创新，加强对互联网平台特别是大型科技公司的监管；主动学习借鉴国际先进经验，逐步落实《巴塞尔协议》等，积极参与国际金融治理，推动金融业“走出去”。

二、案例的思政元素

（一）维护金融安全，牢牢守住不发生系统性金融风险的底线

“安而不忘危，存而不忘亡，治而不忘乱”的忧患意识是中华民族的一个重要精神特质。习近平总书记强调，国家安全是安邦定国的重要基石，维护国家安全是全国各族人民根本利益所在。实现中华民族伟大复兴的中国梦，保证人民安居乐业，国家安全是头等大事。

习近平总书记强调，金融安全是国家安全的重要组成部分，是经济平稳健康发展的重要基础。维护金融安全，是关系我国经济社会发展全局的一件带有战略性、根本性的大事。金融是现代经济的核心，金融活，经济活；金融稳，经济稳。必须充分认识金融在经济发展和社会生活中的重要地位和作用，切实把维护金融安全作为治国理政的一件大事，扎扎实实把金融工作做好。打好防范化解重大金融风险攻坚战，健全金融风险预防、预警、处置、问责制度体系，维护金融安全，牢牢守住不发生系统性金融风险的底线。

当前金融科技与金融创新快速发展，蚂蚁集团、京东数科等大型数字科技公司进入金融领域。这些大型互联网金融企业行业集中度较高，服务群体数量庞大，且服务对象常常是传统金融机构没有覆盖到的缺乏金融专业知识的人群，一旦市场有比较大的波动，风险的传染性势必波及整个金融市场，形成系统性金融风险，甚至爆发金融危机，严重危及金融安全。因此防范化解金融风险特别是防止发生系统性金融风险，是金融工作的根本性任务。

（二）处理好金融发展、金融稳定和金融安全的关系

统筹发展和安全是实现“两个一百年”奋斗目标的基本保证。发展和

安全，是关乎国家兴衰存亡的两大支撑。发展为本，一个国家不发展就会停滞衰退。安全为要，社会动乱、民不聊生，政权就会难以为继。发展和安全，相辅相成、相互支持。发展是安全的基础，不发展是最大的不安全；安全是发展的保障，不安全会对发展造成极大冲击。没有安全的发展是脆弱的、不稳定的，没有发展的安全是短暂的、不可持续的。因此，统筹发展和安全，是保持经济快速发展、社会长期稳定的必然要求。

当前金融科技与金融创新快速发展，必须处理好金融发展、金融稳定和金融安全的关系。金融创新是金融发展永恒的主题，金融创新是一把“双刃剑”，它是使有限的金融资源禀赋实现优化配置的必要手段，是推动金融业持续发展的内在动力，但同时它在一定程度上加剧了金融活动的不确定性，增加了金融风险，危及国家金融安全。

金融科技本质上是一种技术驱动的金融创新活动。目前进入金融服务业的大型科技公司，本质上还是金融。因此从规范业务发展、防范化解金融风险的角度看，必须针对金融科技业务中承担风险的业务环节进行金融监管，并且遵循金融监管的一般规律。

实际上，良好的金融监管并不会妨碍金融创新，反而为金融创新和金融稳定提供保障。金融监管体系构建的初衷并非要限制金融创新，而是维护社会信用秩序的完好和保证金融业的稳健运行，充分发挥金融的经济助推作用，其实质是介入金融体系的政府活动，目的是促进经济与金融的健康发展。监管对创新的无意识强制性推进和创新引起的监管手段或体系的被动调整完善，决定了金融监管与金融创新之间相互作用、相互促进的辩证关系，即没有金触监管，就没有金融创新；没有金融创新，也就没有金融监管的逐步完善。金融监管与金融创新矛盾对立，形成了“监管—创新—再监管—再创新”的良性动态循环博弈发展过程。如果单纯地强调金融创新，而放弃金融监管，就会产生新的金融风险甚至导致金融危机，金融效益就无法继续；如果单纯地强调金融监管，而放弃金融创新，就会抹杀金融的活力甚至遏制金融发展；只有正确处理金融创新与金融监管的关系，掌握好金融创新与金融监管的平衡点，在监管中创新，在创新中监管，才能共同发挥两者的效用。

因此，我们既要鼓励创新、弘扬企业家精神，也要加强监管，依法将金融活动全面纳入监管，有效防范金融风险，处理好金融发展、金融稳定和金融安全的关系，从而促进我国金融业的长期稳定和可持续发展。

三、案例使用说明

（一）教学用途和教学目标

1. 教学用途

本案例适用于“金融监管”相关章节的内容教学。

2. 教学目标

（1）了解围绕着马云外滩金融峰会上的言论，谈一谈金融创新与金融监管的关系。

（2）掌握马云外滩金融峰会上言论引发的金融科技创新与金融监管话题带给我们的启示。

（二）案例讨论的准备工作

（1）学生提前预习金融监管的相关知识，对于巴塞尔协议的主要内容以及金融监管与金融监管的关系有大致的认识。

（2）学生提前查阅相关资料，了解金融科技发展概况及金融科技带来的新机遇和新挑战。

（三）案例分析要点

1. 启发思考题

（1）鼓励创新，是否意味着不需要对新进入金融服务业的大型科技公司进行监管？

（2）强调金融监管和金融安全，是不是就要扼杀创新？

（3）金融监管该如何“与时俱进”？

2. 分析思路

第（1）题参考答案：

金融科技创新是为实体经济服务的，要为实体经济做贡献。当前，金融行业对数字化转型的必要性、紧迫性已经有充分认识，但是金融数字化转型要坚守金融服务实体经济的原则、坚守风险底线原则。金融科技并没有改变金融的本质和属性，因此要依法将金融活动全面纳入监管，对同类业务、同类主体一视同仁。只要从事同类金融业务，都应在现行法律法规框架下，接受一致的市场准入条件和持续监管原则，遵循同等的业务规则和风险管理要求。

既要坚定不移地支持金融科技创新发展，加快金融数字化进程，优化客户体验，提升服务效率。同时，也要密切关注金融科技创新带来的影响，做好前瞻性部署安排，确保市场公平和金融稳定。要高度关注数字化转型带来的新型风险，特别是网络安全、数据保护、市场垄断等风险挑战，建立健全覆盖业务、网络、技术、数据等各领域，更加适应数字化时代要求的全面风险管理体系。

第（2）题参考答案：

监管并不是要扼杀金融科技创新，而是引导金融科技的健康、可持续发展。良好的金融监管并不会妨碍金融创新，反而为金融创新和金融稳定提供保障。所以，加强金融监管、维护金融稳定十分必要。不进行有效监管，最终会扭曲市场，产生金融风险。要处理好金融发展、金融稳定和金融安全的关系。

金融委专题会议明确指出，既要鼓励创新、弘扬企业家精神，也要加强监管，依法将金融活动全面纳入监管，有效防范风险。

第（3）题参考答案：

金融数字化转型对金融监管提出了新要求、新挑战。金融科技既然不是金融监管的法外之地，那么该如何监管？传统的监管方法论已经失效了，我们需要找到新的方法论作为指导。要大力推动金融监管科技建设，提升跨区域、跨市场、跨行业交叉金融风险的甄别、防范和化解能力，提升监管的数字化水平。

传统监管注重“大而不能倒”的风险，而新型数字金融监管不仅要关注大机构，还要关注小而分散的长尾风险。数字金融监管已超越金融机构，需要多元共治，加强国际合作。好的数字金融监管，既要为数字金融发展营造包容、审慎的监管环境；又要与时俱进，提升监管协调性、有效性，有效防范系统性风险。

建立一套适配、有效的创新型数字金融监管框架，需要在原有监管框架基础上，形成“双导向、三支柱、多元共治”的新体系。双导向就是要坚持风险导向和技术导向并重，更加重视对技术的监管。三支柱，一是审慎监管，二是业态监管，三是技术监管。加快建立大型互联网企业有效监管框架需要加强顶层设计，完善监管制度体系；严格市场准入，全面推行功能监管；加强消费者权益保护，在平衡个人信息保护的基础上，加强数据管理，防止数据垄断。

四、案例总结

当前，金融科技的快速发展和应用发挥了很多积极作用，促进扩大了金融覆盖面、提升了服务效率、降低了运营成本，但与此同时，我国也出现了一系列互联网金融乱象，使投资者蒙受了巨大损失，也影响了金融和社会稳定。要做到因势利导，既鼓励金融创新，又有效管控金融风险，促进我国金融业的长期稳定和可持续发展，这需要思考和厘清一些问题。

金融安全是国家安全的重要组成部分。我们要打好防范化解重大金融风险攻坚战，健全金融风险预防、预警、处置、问责制度体系，维护金融安全，牢牢守住不发生系统性金融风险的底线。

金融科技并没有改变金融的本质和属性，因此要依法将金融活动全面纳入监管，对同类业务、同类主体一视同仁。既要坚定不移地支持金融科技创新发展，加快金融数字化进程，优化客户体验，提升服务效率。同时，也要密切关注金融科技创新带来的影响，做好前瞻性部署安排，确保市场公平和金融稳定。

监管并不是要扼杀金融科技创新，而是引导金融科技的健康、可持续发展。良好的金融监管并不会妨碍金融创新，反而为金融创新和金融稳定提供保障。不进行有效监管，最终会导致市场扭曲，产生金融风险。要处理好金融发展、金融稳定和金融安全的关系，既要鼓励创新、弘扬企业家精神，又要加强监管，依法将金融活动全面纳入监管，有效防范风险。

监管要适应金融创新。传统的监管方法论可能已经失效，需要找到新的方法论作为指导。要大力推动金融监管科技建设，提升跨区域、跨市场、跨行业交叉金融风险的甄别、防范和化解能力，提升监管的数字化水平。

参考文献

[1] 中国政府网. 刘鹤主持召开国务院金融稳定发展委员会专题会议[EB/OL].(2020-10-31)[2020-11-16]. http://www.gov.cn/xinwen/2020-10/31/content_5556394.htm.

[2] 叶映荷. 金融委定调金融创新与监管之争：依法将金融活动全面纳入监管[EB/OL].(2020-11-02)[2020-11-16]. https://finance.sina.com.cn/roll/2020-11-02/doc-iiznezxr9365157.shtml.

[3] 时雨. 在金融科技发展中需要思考和厘清的几个问题[EB/OL].(2020-11-02)[2020-11-17]. https://new.qq.com/rain/a/20201102A0DPE600.

[4] 南方日报评论员. 金融安全是国家安全的重要组成部分[EB/OL].(2017-04-28)[2020-11-18]. http://theory.people.com.cn/n1/2017/0428/c40531-29244246.html.

[5] 周矍铄. 大型互联网企业进入金融领域的潜在风险与监管[EB/OL].(2020-11-01)[2020-11-18]. https://www.financialnews.com.cn/ll/gdsj/202011/t20201101_204322.html.

央行数字货币发行进程及展望

杨韧　黎方①

一、案例正文

在金融科技与数字货币的冲击下，“央行数字货币”（central bank digital currencies，CBDC）成为近年来的热点话题。与此同时，我国央行加快推进数字货币，2018 年相关负责人公开表示“中国央行数字货币呼之欲出”，这必将对我国的宏观金融体系产生巨大影响。

（一）央行数字货币发展现状

1. 央行数字货币的概念

目前，国际组织对“央行数字货币”的唯一官方定义来自国际清算银行，国际清算银行的两个下属机构——支付与市场基础设施委员会、市场委员会——集合其团队力量，将 CBDC 界定为满足特定条件的“央行发行的数字货币”。国际清算银行的季度报告与国际货币基金组织的员工简报对该定义进行了部分准备与补充工作。

界定某货币是否为“央行数字货币”，需要考察其是否满足特定的四个条件：一是基础货币，该货币的发行者必须是中央银行，而不是商业银行或其他私人部门；二是数字化，物质形式是数字化，而不是实体货币（physical cash）；三是脱离账户，货币的价值在脱离账户后依然存在；四是面向大众，应用范围面向零售市场，即普通大众、普通个体。

2. 我国央行数字货币的进展

近年来，我国一直在密切关注、积极探索央行数字货币，并在较早时期就成立官方机构推动项目研发和落地。2014 年，中国人民银行成立“法定数字货币专门研究小组”，正式启动央行数字货币研究计划；2017 年 1 月，中国人民银行正式成立“数字货币研究所”，专门开展央行数字货币的顶层设计和研发工作；2017 年年末，国务院批准中国人民银行牵头组织部分商

---

① 杨韧，西南财经大学金融学院教师；黎方，西南财经大学金融学院博士研究生。

业银行、有关机构共同研发数字人民币体系（digital currencies / electronic payment，以下简称“DC/EP”）；2018—2019 年，中国人民银行数字货币研究所研发基地先后落户深圳、南京和苏州；2020 年 4 月，中国人民银行数字货币研究所宣布，将在深圳、苏州、雄安新区、成都及未来的冬奥场景进行央行数字货币的封闭试点测试。截至 2021 年 6 月 30 日，数字人民币试点场景已超 132 万个，覆盖生活缴费、餐饮服务、交通出行、购物消费、政务服务等领域。开立个人钱包 2 087 万余个、对公钱包 351 万余个，累计交易笔数 7 075 万余笔、金额约 345 亿元。2021 年 7 月 16 日人民银行发布的《中国数字人民币的研发进展白皮书》显示，央行将积极响应二十国集团（G20）等国际组织关于改善跨境支付的倡议，研究央行数字货币在跨境领域的适用性。以上进展表明，我国在央行数字货币的研发和探索实践方面，已经走在世界前列。需要解释的是，CBDC 是央行数字货币的统称，各国中央银行可根据本国实际，以及不同阶段的差异化需求设计不同模式的 CBDC，因此，CBDC 是一个更加宽泛的概念。与此相对应的 DC/EP，是中国人民银行推出的“中国版”央行数字货币的具体项目名称，DC，digital currencies，即数字货币；EP，electronic payment，即电子支付。DC/EP 是数字化的纸钞，是具有价值特征的数字支付工具。

目前，中国人民银行虽暂未公开披露 DC/EP 的具体设计方案和运行机制，但基于中国人民银行对 DC/EP 设计原则和模式的阐述，中国人民银行相关部门负责人的公开表态，并结合中国人民银行数字货币研究所、中国人民银行印制科学研究所、中钞信用卡产业发展有限公司等中国人民银行系统单位已申请的发明专利（产品专利和方法专利），我们仍可勾勒出 DC/EP 的双层架构及运行机制。只允许商业银行等特定机构在中国中央银行账户系统开立数字账户，社会公众则在商业银行等特定机构开立数字钱包账户。数字账户的开通流程上，第一层由中央银行先将 CBDC 兑换给商业银行；第二层再由商业银行将 CBDC 兑换给公众，公众持有 CBDC 后，在消费等各类场景使用。

对于 DC/EP 而言，双层运营模式更符合国情，主要原因在于我国地域辽阔、人口众多，东、中、西部地区在经济社会发展水平、人口受教育程度、互联网等基础设施完善程度等方面存在较大差异，因此，在设计央行数字货币系统时，需要充分考虑国情的复杂性、多样性，同时也要兼顾服务的可获得性和便捷性。在超级央行模式下，中国人民银行需要直接面对数以亿计的社会公众，环境极其复杂，考验极其严峻。而“央行-商业银行/商业银行-消费者”的双层运营模式，不会改变我国现有基础货币投放体系和二元账户结构，DC/EP 可依托商业银行网点、合作零售网点、供应链金融体系等，实现高扩展性和高并发性，也更适用于高频的小额零售场景。即使在无网络情况下，DC/EP 也可支持“双离线支付”的业务场景。不仅如此，中国人民银行还可与商业银行合作开发、运营 DC/EP，依托商业银行完善的互联网技术（IT）基础设施服务体系，充分发挥商业银行人才和金融科技等技术优势，既满足消费者的多元化需求，又有利于发挥市场机制的作用，优化系统运行效率，促进市场竞争和创新。

3. 央行数字货币的国际进展

按照国际清算银行的标准，可以将我国面向公众的 DC/EP 划分为零售型央行数字货币，接下来我们将从零售型和批发型划分国际上其他国家央行数字货币的发展历程。表 1 对各国零售型数字货币研发要点进行了概述，其中挪威与瑞典央行的研究最为充分，有计划发行的国家均表示过其对宏观金融、资本流动、信贷冲击、法律问题等方面的顾虑。

表 1　零售市场央行数字货币各国研发进展与借鉴意义

国家	进展	背景与功能	主要顾虑	现有方案与借鉴意义
美国	重新考虑研发	支付体系发达	存款挤出效应、美联储对商业银行体系造成的压力	尚无美联储官方方案，但已有“数字美元”的讨论方案
英国	积极研究，尚无发行计划	—	宏观金融影响（存款挤出效应）	尚无方案，该央行公布研究问题提纲，号召全球学者讨论其关注的问题
挪威	第三个研发阶段，将确定技术细节	现金使用量下降，拟建立备用支付体系，促进支付平台竞争	存款挤出效应	方案为注册制数字现金或封闭式数字账户，后者能够避免信贷冲击
瑞典	开展试验计划，2021 年后发行	现金使用量下降，希望实现普惠支付	法律可行性	方案为数字现金；该央行公开征集设计方案，与 14 家技术公司双边对话，已初步确定技术路线

从表 1 可见，除挪威、瑞典外，其他国家大多仅处于初期研究阶段，侧重于概念分析。挪威与瑞典的研究最为详细，特别是关于存款挤出的分析，对我国具有重要的借鉴意义。

同时，基于资金批发市场已经实现了数字化，批发型 CBDC 主要致力于提高现有支付和清算体系的稳健性与效率。具体而言，批发型 CBDC 可以带来如下好处：第一，避免了中央集中记账带来的单点故障问题，保障了资金交易的连续性；第二，资金批发市场的结算往往需要多个金融机构的直接或间接参与，涉及多方利益，分布式记账技术的使用可以有效地减少交易参与方的分歧；第三，提高跨境支付与结算的效率；第四，在分布式记账技术的基础上开发智能合约（smart contracts）的使用。表2列出了不同国家或地区在批发市场央行数字货币研发进展。

表2　不同国家或地区批发市场央行数字货币研发进展

国家或地区	项目开始时间	主要内容
加拿大	2016年3月	加拿大发起Jasper项目，探索分布式记账技术在银行间市场的应用，该项目已经进行了四期，其中第四期与新加坡金融管理局合作试验批发型CBDC在国际支付与结算中的可能性，以及不同区块链平台的融合
新加坡	2016年11月	新加坡金融管理局发起Ubin项目，探索分布式记账技术在银行间市场的应用，该项目已经进行了五期，其中第四期与加拿大央行合作试验批发型CBDC在国际支付与结算中的可能性，以及不同区块链平台的融合
中国香港	2017年	香港金融管理局联合三家货币发行银行发起LionRock项目，探究批发型CBDC的收益和风险，并进行概念证明（proof of concept）。2019年，香港金融管理局联合泰国央行试验批发型CBDC在国际支付方面的应用

二、案例的思政元素

（一）充分发挥党在全面深化改革中的领导核心作用

党的十四届五中全会明确提出，要稳妥推进数字货币研发，全面深化金融改革。会上强调"全面深化改革，构建高水平社会主义市场经济体制。建立现代财税金融体制。加强财政资源统筹，加强中期财政规划管理，增强国家重大战略任务财力保障。深化预算管理制度改革，强化对预算编制的宏观指导。推进财政支出标准化，强化预算约束和绩效管理。明确中央和地方政府事权与支出责任，健全省以下的财政体制，提升基层公共服务保障能力。完善现代税收制度，健全地方税、直接税体系，优化税制结构，适当提高直接税比重，深化税收征管制度改革。健全政府债务管理制度。建设现代中央银行制度，完善货币供应调控机制，稳妥推进数字货币研发，健全市场化利率形成和传导机制。构建金融有效支持实体经济的体制机制，提升金融科技水平，增强金融普惠性。"

为实体经济服务是金融的宗旨，发展数字货币的最终目的是为实体经济服务。首先，更加注重数字货币在供给侧的应用，帮助实体经济增量优化、动能转换；其次，要把数字货币如果助力直接融资放在重要位置，形成融资功能完备、基础制度扎实、市场监管有效、投资者合法权益得到有效保护的多层次资本市场体系。要改善间接融资结构，推动国有大银行战略转型，发展中小银行和民营金融机构；最后，强化数字货币在普惠金融体系的作用，加强对小微企业、“三农”和偏远地区的金融服务，推进金融精准扶贫，鼓励发展绿色金融。要促进金融机构降低经营成本，清理规范中间业务环节，避免变相抬高实体经济融资成本。

（二）全面发挥党的领导在防控金融风险中的重要作用

发展数字货币机遇与挑战并存，“非传统金融风险”对防控金融风险提出挑战。以全面从严治党为强有力抓手，突出发挥党的政治优势、思想优势、组织优势和群众优势，持续加强党对金融工作的全面领导，是金融机构树牢“四个意识”、践行“两个维护”的重要政治保障，对防控金融风险有着决定性的引领和托底作用。

首先，坚持党中央对金融工作的集中统一领导，是我国金融业的必然属性、本质特征和现实需要。只有坚定不移按照党中央的指引方向，着力强化金融服务大局、服务实体、服务民生的根本导向，促进经济金融良性循环、健康发展，才能在保障国家金融稳定安全和金融改革稳健协调推进的前提下，实现金融机构有效风险防控并推进改革发展。其次，防控金融风险要服务大局。发展是第一要务，围绕“三大攻坚战”，金融机构既要看到自身风险压力的紧迫性，更要清醒认识防范化解风险与经济发展全局的紧密相关性，站在更高维度看待风险、防控风险、化解风险。金融机构要紧紧围绕经济社会发展大局，把党中央对金融工作的重大决策部署落实到实际工作中，确保正确方向和统一步调，在发展中处置缓释风险，在改革中提升发展质量。

（三）加强金融队伍建设，增强思想政治与法治教育

随着金融业的不断发展和对外开放，金融企业面临着新的形势和新的任务，新形势下，必须保证并加强思想政治的核心作用。一是要以加强党的建设引领人。党的领导同公司法人治理必须是一体化的，必须贯彻到公司治理全过程。要扎扎实实抓好企业党的建设，加强理想信念教育，加强党性教育，加强纪律教育，加强党风廉政建设，不断增强党组织创造力、凝聚力、战斗力，使基层党组织充分发挥战斗堡垒作用，使广大党员充分发挥先锋模范作用，为做好各项工作提供坚强保证。二是要以科学的理论武装人。习近

平总书记在国有企业党的建设工作会议上强调，“要把思想政治工作作为企业党组织一项经常性、基础性工作来抓”。金融队伍要加强对思想政治工作的领导，把思想政治工作纳入党建工作日程，要增强“四个意识”，自觉维护党中央集中统一领导，自觉在思想上、政治上、行动上同党中央保持高度一致，全面贯彻落实党的思想政治工作安排部署，把思想政治教育始终贯穿于始终。

三、案例使用说明

（一）教学用途和教学目标

1. 教学用途

本案例适用于“货币”“央行货币发行”“金融监管”等相关章节和教学。

2. 教学目标

（1）掌握央行数字货币的概念。

（2）掌握央行数字货币的功能和意义。

（3）掌握央行数字货币实践中面临的挑战。

（二）案例讨论的准备工作

（1）学生应提前预习货币及支付手段的发展、货币层次的划分、中央银行的职能等相关基础知识。

（2）学生们应提前查阅相关资料，了解什么是数字货币、CBDC、DC/EP，对央行数字货币的概念和发展现状要有大致的认识。

（三）案例分析要点

1. 启发思考题

（1）结合案例，讨论我国央行数字货币与现有实体货币、第三方支付平台在实体经济中的区别和特别意义。

（2）结合案例，探讨如何利用央行数字货币提升人民币国际化水平。

（3）结合案例，探讨央行数字货币在实践中面临的挑战。

2. 分析思路

（1）结合案例，讨论我国央行数字货币与现有实体货币、第三方支付平台在实体经济中的区别。参考答案如下：

从功能和地位上说，央行数字货币是M0的数字化，其功能和属性是现钞的替代品，具有M0级别法律效力。支付宝、微信支付等第三方支付平台，依托的是商业银行存款货币结算，属于M1和M2级别的数字化。

作为法定数字货币，DC/EP 数字货币的发行和流通，为数字经济提供了更加完整透明的信息，数字技术与实体经济深度融合，促成数据价值化的加速推进也使得央行的宏观调控得到更加及时的反馈，实行更加精准化差异化的货币政策和宏观审慎管理，能够加强财政政策与货币政策的穿透力与执行力。

首先，相对于现有的支付体系，DC/EP 能有效提高企业融资效率。DC/EP 降低企业与商业银行的信息不对称，企业能够快速从银行获得融资。商业银行使用数字货币放贷，通过数字货币流通数据能够准确对贷款进行快速信用评估，并对符合条件的企业快速放贷，及时支持企业的运营和研发。

其次，与现有支付相比，区块链技术使 DC/EP 能提升国家产业支持的精准度。“智能合约”的发展将使货币可编程，支付能够在特定条件下执行，比如中央银行可以发行特定用途的数字货币，精确地实施其产业政策，战略性新兴行业，使这些货币只有在进入特定行业时才能被支付。

最后，在供应链体系中，DC/EP 不仅能完成现有支付体系的支付功能，更能重塑实体经济中的信任关系，提高产业效率。数字货币字符串记录的相关信息能在商品的防伪追溯，包括商品的原料的生产、加工、物流运输、零售交易等数据，通过共享和重构等方式助力传统产业升级。因此，DC/EP 通过建立高效价值传递机制，商流、信息流、资金流，三流合一对产业升级具有重要作用。

第（2）题参考答案如下：

境外对 DC/EP 的持有意愿，涉及要权衡交易便利性与机会成本。在美元体系介入不深的贸易国，交易便利性更为重要。而在成熟市场，可能对隐私性等机会成本更为看重。当然，只要能更好地服务客户，安全性和隐私性也可以很好权衡。简便的 DC/EP 零售支付方式，显然有利于人民币在贸易国的推广应用，特别是能提高边贸的渗透度。贸易信贷如果绑定 DC/EP，则能进一步提高人民币的支付影响力。如果人民币资产市场实现与人民币离岸结算中心更好地互联互通，并开发出足够丰富、流动性较好的数字国债等资产，DC/EP 成为国际数字交易和储备货币的可能性含义。具体而言，要推动 DC/EP 在“一带一路”建设中广泛应用，要做到如下几点：

一是加大国内金融制度改革力度，正确处理金融改革、风险防范和金融创新等的关系。逐步实现在岸金融业务有序开放，创新以人民币计价的金融产品，落实中央提出的金融开放和走出去战略，让以人民币计价的金融产品成为“一带一路”沿线地区和国家主要金融机构的结算工具和投资工具。在人民币计价的金融产品交易的交易中逐渐使用央行数字货币。

二是积极推进“一带一路”沿线国家和地区的经贸往来，逐步形成横跨亚欧大陆的、新型的区域深化合作的大格局，扩大以人民币为结算手段的贸易、金融和货币互换规模。在中国香港、东京、吉隆坡、莫斯科、阿斯塔纳、罗马、伦敦等区域中心构建多个人民币离岸中心，以数字技术为支撑建设央行数字货币所需要的金融度基础设施，抓紧研发数字金融技术国家标准，抓紧建立专业化的数字金融技术应用审核和验证体系。

三是逐步扩大人民币的结算、投资和储备等国际货币职能范围，在“一带一路”沿线国家和地区与主要国家达成货币使用协议，共同制定数字货币使用规则。推动大宗商品贸易、基础设施融资、产业园区建设、跨境电子商务等结算使用央行数字货币，推进“人民币区”的建设。

四是重点布局中、日、韩和东盟地区，通过推动中、日、韩自由贸易区和东盟自由贸易区建设，以贸易和投资推动东亚和东盟地区人民币和央行数字货币跨境自由流动。鼓励中、日、韩和东盟自由贸易区等内的贸易、投资、债券、货币互换等使用人民币计价结算，深化货币互换合作，引导互换人民币进入当地授信系统，增加相关国家基础设施建设的资金来源。

五是积极融入国际央行数字货币体系，加强国际监管协调，达成监管共识，建立数字金融国际监管统一标准。采取国际监管统一行动，联合研发可行的技术方案，与其他国家加强在数字货币领域中反腐败、反洗钱、反恐融资、反逃税等方面进行合作，争取获得与中国经济实力相匹配的主导权和领导权。

第（3）题参考答案如下：

首先，技术安全性方面。央行数字货币是以互联网技术、区块链技术等为基础，货币发行、流通和回笼等都需要依赖分布式记账技术，但这些技术尚处于早期发展阶段，还存在技术标准不统一、技术可扩展性差等问题，需要经过大规模实践应用才能确保技术的安全性。从交易安全上看，央行数字货币解决了账本篡改、可逆等问题，但并不能很好地解决个人信息安全性问题，如果用户的私钥遭到黑客攻击，可能会出现财产损失问题。

其次，法律监管方面。现有法律体系是以传统货币为法律对象，并未将央行数字货币列入法律规制范围。此外，对央行数字货币的监管也面临许多新挑战。比如，在对传统货币的监管过程中，银行在发现假币时可以立即收缴并造册登记，但数字货币是一种不以实物形式存在的货币，其造假方式和监管方式不同于传统货币。央行数字货币所有人在遭到黑客盗取或系统故障时所遭受的损失，将远远超过传统货币。

最后，货币流通方面。央行数字货币流通与互联网基础设施、电信运营商等密切相关，这可能将颠覆“央行-商业银行”的传统金融模式，给央行数字货币流通带来新挑战。在央行数字货币使用中，公众需要学习数字货币保管技术，防止私钥流失和数字货币被盗等的风险，这些也影响着央行数字货币的应用场景。此外，在现有金融体系中，央行是“银行的银行”，主要负责货币政策制定、商业银行监管等宏观问题，并不介入具体金融业务运作，但央行数字货币的推广，会使存款从商业银行转移至央行，可能将影响商业银行的信用创造能力。

四、案例总结

（一）数字货币宏观效应的整体评述

短期来看，DC/EP是技术中性的，也就是说，它没有鲜明的价值导向（如明确地去中心化，新的货币治理模式等），而是在现有体系上做了一个等式变换，所有价值都保持在现在的体系上。与西方数字货币（如libra）那种一开始就立宪建制，摆明利益关系的改革路线相比，中国的DC/EP采用的是渐进式试错路线，这和最近几十年的改革实践惯性是一脉相承的。目前阶段的应用，都不会离开大框架，货币运行周转的逻辑不会变，对于宏观经济的影响在可控范围内。目前我们看到的DC/EP只是未来大体系的一个底层桩基，在此基础上，DC/EP未来会不断进行兼顾稳定性和可拓展性的商业技术方案的试错，市场应用场景会不断创新。

长期看来，数字货币对社会的宏观影响主要是正面的。诚然，数字货币对货币政策实施以及金融体系提出了更大的挑战，但是也为金融体系的监管提供了更加智能化、精准化的可能，为人民币国际化和“一带一路”建设提供了技术支撑。数字货币的发行能够强化支付系统的公共属性，能够为公众提供安全性高、流动性好的支付工具，低边际成本的特性和可编程可追踪的智能货币特点，能够满足数字经济建设下的需要，为数字资产交易提供端对端的可靠支付工具，促进数字经济的健康发展。在对数字货币的影响做后续更为深入的跟踪后，数字货币有望成为新型的货币政策工具，有助于优化货币政策的传导机制，特别是在经济长期衰退的阶段，法定数字货币可以非常方便实行负利率等特殊的利率政策。

（二）关于提升数字货币宏观经济效应的建议

一是加强基础设施建设和技术创新。完善基础设施和加强技术创新是数字货币推广和应用的重要前提。数字化是未来的发展趋势，数字货币是数字技术创新的重要阵地，数字货币的研发过程也是数字技术不断创新的过程。央行可以与金融机构、互联网平台、企事业单位、消费者等各主体积极协作，优化支撑数字货币运行的基础设施、终端硬件、软件以及各类服务等。注重顶层设计和实践相结合，鼓励金融科技公司参与研发。在数字货币推出的过程中，提前考虑技术升级的问题，保持技术设计的前瞻性和可拓展性，做好数字技术的规划和修正。

二是健全 DC/EP 的应用场景建设。DC/EP 具有现金通货、互联网支付等在支付场景中的比较优势，在支付成本控制和效率提升方面成效显著，有利于促进整个支付业务的竞争和创新。在推进数字货币场景应用落地过程中，应该以用户为中心，以市场需求为导向，提升数字货币的可得性和支付结算的简便度，扩宽数字货币使用的市场空间。要实现央行数字货币在国内零售场景以及跨国支付结算场景的广泛应用，必须激励百度、阿里巴巴、腾讯、京东等互联网巨头积极参与央行数字货币的研发和投放，真正提升 DC/EP 用户的使用满意度和市场接受度。

三是建设基于 DC/EP 的全新金融监管框架。相对于传统货币，央行数字货币在发行、流通和结算等环节具有新的特点，也会带来新的风险，要加快建设法定数字货币发行、数字资产市场管理、数字货币金融管理、数字货币安全、数字货币跨境流通等方面的法律制度框架和监管体系。以 DC/EP 的发行为契机，依托央行数字货币的后台实名以及交易数据监控的便捷性，应用先进的监管科技理念建设全新的金融监管框架。同时，加强监管体系中数字技术的创新和引用，将云计算、人工智能、区块链等技术与监管体系相融合，进行全方位、多角度的智能监管，顺应技术赋能监管的发展趋势。

四是构建良好的数字货币生态系统。未来的法定数字货币体系将会有自己的生态系统，整个生态圈是央行—商业银行/互联网企业—终端用户。构建法定数字货币运行的生态系统，需要整个生态圈参与方协同合作，共同努力，使数字货币不断满足数字经济时代对智能货币的需要，才能使其成为社会接受认可的货币，发挥 DC/EP 对数字经济建设的重要作用。同时应当基于 DC/EP 的特性，提升货币政策对数字经济产业结构的调整和优化的作用，促进数字经济更加均衡有效地发展。

参考文献

[1] BARONTINI C, HOLDEN H. Proceeding with caution-a survey on central bank digital currency [J]. Social science electronic publishing, 2019

(101): 306-327.

[2] BECH M L, GARRATT R. Central bank cryptocurrencies [J]. BIS quarterly review, 2017 (9): 5-21.

[3] BORDO M D, LEVIN A T. Central bank digital currency and the future of monetary policy [R]. National Bureau of Economic Research, 2017.

[4] ENGERT W, FUNG B. Central bank digital currency: motivations and implications [R]. Bank of canada staff discussion paper, 2017.

[5] MANCINI-GRIFFOLI T, PERIA M S M, AGUR I, et al. Casting light on central bank digital currency [M]. Washington: IMF Staff Discussion Notes, 2019.

[6] 保建云. 主权数字货币、金融科技创新与国际货币体系改革：兼论数字人民币发行、流通及国际化 [J]. 人民论坛（学术前沿），2020 (2): 24-35.

[7] 范一飞. 范一飞：关于央行数字货币的几点考虑 [N]. 第一财经日报，2018-01-26 (A05).

[8] 李建军，朱烨辰. 数字货币理论与实践研究进展 [J]. 经济学动态，2017 (10): 115-127.

[9] 吕江林，郭珺莹，张斓弘. 央行数字货币的宏观经济与金融效应研究 [J]. 金融经济学研究，2020, 35 (1): 3-19.

[10] 孟刚. 法定数字货币与人民币国际化 [J]. 中国金融，2019 (24): 31-33.

[11] 姚前. 法定数字货币的经济效应分析：理论与实证 [J]. 国际金融研究，2019 (1): 16-27.

[12] 姚前. 理解央行数字货币：一个系统性框架 [J]. 中国科学：信息科学，2017, 47 (11): 1592-1600.

[13] 张礼卿，吴桐. 区块链在金融领域的应用：理论依据、现实困境与破解策略 [J]. 改革，2019 (12): 65-75.

[14] 赵鹞，马伟. 论脸书 Libra 的货币经济学难题 [J]. 南方金融，2019 (9): 3-11.

[15] 周莉萍，陈思，薛白. 央行数字货币对货币政策的影响 [J]. 银行家，2019 (10): 55-58.

疫情之下的宏观经济政策

翁舟杰　韩义[1]

一、案例正文

突如其来的新冠肺炎疫情给我国宏观经济带来了前所未有的冲击，在党中央的坚强领导下，中央政府和相关管理部门深入分析疫情对我国经济的影响，研究出台了一系列宏观经济政策，积极应对面临的各种风险和挑战。

（一）灵活宽松的货币政策

货币政策是政府调控宏观经济的重要手段，在应对疫情中货币政策积极有为，发挥了巨大的作用。2020 年 2 月 21 日，中央政治局会议指出，稳健的货币政策要更加灵活适度，缓解融资难融资贵，为疫情防控、复工复产和实体经济发展提供精准金融服务。对此，中国人民银行及有关部门出台了一系列货币政策，积极通过信贷及货币双渠道保障市场流动性充足，运用多种货币政策工具提高对重点区域及行业、中小微企业及低收入群体的支持力度和精准性。进一步引导我国宏观经济发展方向，降低疫情对我国经济的负面影响，使经济社会发展进入正常的轨道。表 1 列出了 2020 年上半年我国货币政策运用的情况。

表 1　2020 年上半年我国货币政策运用的情况

时间	货币政策运用
1 月 6 日	法定存款准备金率下调 0.5 个百分点
2 月 3 日	公开市场操作投放 1.2 万亿元
2 月 4 日	公开市场操作投放 0.5 万亿元
2 月 10 日	疫情防控专项再贷款发放 0.3 万亿元，利率上限为 3.15%
2 月 26 日	专用额度再贷款贴现增加 0.5 万亿元，下调支农支小再贷款利率 0.25 个百分点至 2.5%

① 翁舟杰，西南财经大学金融学院教授；韩义，西南财经大学金融学院硕士研究生。

表1(续)

时间	货币政策运用
4月3日	普惠性再贷款再贴现增加1万亿元
4月7日	超额存款准备金率从0.72%下调至0.35%
4月15日	法定存款准备金率下调0.5个百分点
5月15日	法定存款准备金率下调0.5个百分点

资料来源：中国人民银行。

从表1可以看出中国人民银行及有关部门采取了以下措施：①通过连续下调法定存款准备金率释放流动性；②通过连续逆回购操作向市场释放流动性；③运用结构性货币政策工具，对支农支小等普惠性贷款予以特别支持，并实施普惠小微企业贷款延期支持工具和普惠小微企业信用贷款支持计划，加大对实体经济的支持力度。这些举措极大地缓解了市场的短期压力，推动利率持续下行，降低了企业贷款成本，缓解市场的恐慌情绪，为市场传递信心。

除此之外，中国人民银行还积极利用中期借贷便利、定向降准等结构性工具支持实体经济。加强督导金融机构对重点企业、重点行业、重点领域的信贷支持，为防疫重点项目提供专项再贷款，落实好阶段性延期还本付息政策，提供利率优惠、续贷安排、简化手续等金融服务，降低企业融资成本，稳住企业资金链，助推企业尽快复工复产。

（二）积极有为的财政政策

财政是国家治理的重要基础和支柱，积极的财政政策对解决经济下行具有重大作用。习近平总书记在统筹推进新冠肺炎疫情防控和经济社会发展工作部署会议上强调，积极的财政政策要更加积极有为，已经出台的财政贴息、大规模降费、缓缴税款等政策要尽快落实到企业。

我国财政部、税务局以及中央及地方政府积极响应中央政策，在保持合理赤字范围基础上适当扩大财政支出。财政部增加拨款专项扶贫资金，并向受疫情影响较重的地区适当倾斜，配合中央打赢脱贫攻坚战；给予企业贷款利息的财政贴息，加大对疫情期间生产重要物资或涉及国计民生的企业的资金支持，对疫情结束后可能出现的企业库存要有计划地兜底收储；进一步加强减税力度，财政部联合税务局先后出台一系列减税政策，要求对个人所得税、企业所得税、增值税、关税以及进口环节增值税、消费税进行减免，进一步扩大出口退税产品范围，根据财政预算情况适当调整出口退税税率，稳住外贸基本盘；加快开展转移支付资金分配、拨付和使用等工作，阶段性减免企业、个人社会保险缴费，适当延长税费申报时间；加大地方政府债务在医疗、教育、公路等民生工程上的应用，缓解地方财政收支压力；中央层面不断部署“新基建”，以此在短期内促进投资拉动需求，在长期推动经济结构转型。

（三）宏观政策实施的效果

第一，经济增长方面。近年来我国国内生产总值（GDP）整体上保持稳定。由于新冠肺炎疫情的爆发，2020 年我国 GDP 第一季度出现明显下滑，当季值为 20.65 万亿元人民币，同比下降 6.8%，在政策的支持下，第二季度得到好转，GDP 同比增速达到 3.2%。

第二，物价稳定方面。2019 年居民消费者价格指数（CPI）、零售物价指数（RPI）保持稳定增长的态势，但受疫情的冲击，2020 年 CPI、RPI 指数持续回落，主要受食品类价格变化影响，带来通货紧缩风险，市场需求偏弱，2020 年 6 月我国 CPI、RPI 指数已经开始初步回升。

第三，充分就业方面。2019 年，我国就业形势总体稳定，失业率指标走势平稳，全年保持在 5.1%左右，2020 年 2 月，受到春节和疫情的冲击，失业率出现明显的增长，上升 0.9 个百分点，随着疫情得到防控以及货币政策调整，企业复工复产，2020 年 3 月就业形势得到好转，5 月失业率逐步回落。

第四，国际收支平衡方面。新冠肺炎疫情在全球范围内迅速蔓延，世界经济增长低迷，国际经贸摩擦加剧，我国经济面临的下行压力增大，进出口负面冲击加大，第一季度贸易增速明显下降，外汇储备出现回落，但在第二季度开始出现上涨趋势。

总体而言，随着一系列宏观政策的贯彻落实，第二季度 GDP 增长情况得到好转，经济进入复苏阶段，企业加快复工复产，就业形势总体上得到好转，对外贸易开始复苏，外汇储备增长，这说明我国疫情期间的宏观政策通过价格机制稳定实体经济，利用市场资源配置的积极效应，实现产出增加，促进宏观经济稳定运行已经取得了一定的效果。

二、案例的思政元素

（一）坚持以人为本，全心全意为人民服务

作为执政党，中国共产党坚持权为民所用，情为民所系，利为民所谋，正确处理党同人民群众的关系。中国共产党作为领导我们事业的核心力量，来自人民群众，植根于人民群众，服务于人民群众，是广大人民群众根本利益的忠实代表。在此次抗疫过程中，党中央、国务院金融稳定发展委员会、中国人民银行、财政部等部门以振兴经济、维持市场稳定为目的，制定了一系列宏观政策，切实保障民生，争取让人民群众在此次疫情中损失最小，并且尽快回复正常生产生活。充分体现了我们党坚持立党为公、执政为民，把人民的利益放在第一位，全心全意为人民服务的宗旨。

（二）金融系统要坚决维护党的领导

宏观政策的执行力度是政策效果的重要影响因素，尤其是货币政策，政策制定快但是传导时滞性高，受到金融体系尤其是银行等机构效率、执行力度、办事能力的影响。因此整个金融系统要坚信此次疫情对中国的影响是暂时的，中国经济长期向好、高质量增长的基本面没有发生变化，要坚定听从中国共产党的领导，增强“四个意识”与“四个自信”，贯彻执行上级的命令与指示，全力以赴做好各项金融服务工作，降低因政策传导执行上的时滞性带来的政策效果差的可能性，坚决打好防疫攻坚战。

（三）矛盾是同一性和斗争性的统一，此次疫情既是挑战也是机遇

矛盾是指事物内部或事物之间的对立和统一及其关系。同一性和斗争性是矛盾的两种基本属性，是矛盾双方相互关系的两个方面。矛盾着的对立面又斗争、又同一，由此推动事物的发展。

新冠肺炎疫情在全球蔓延，使得各国经济都受到重创，各国政府都在为对抗疫情采取了相应的政策与措施，但这些对本国经济造成了一定的影响，使得本国的经济结构发生了一些变化，这对各国来说均是一场挑战。但是新冠肺炎疫情同时也对全球经济结构或分工造成了一定的影响，我国应抓住这次机遇，完善经济体系，优化经济格局，深化经济改革，加快经济转型，让我国在疫情后新一轮的全球经济发展中占据前列。

三、案例使用说明

（一）教学用途和教学目标

1. 教学用途

本案例适用于“货币政策工具”部分使用。

2. 教学目标

（1）掌握在新冠肺炎疫情期间我国实施了哪些宏观政策，这些政策实施的原因是什么，有什么效果。

（2）掌握货币政策与财政政策的区别与联系。

（二）案例讨论的准备工作

（1）学生应提前预习货币政策工具相关知识，对中央银行主要的货币政策工具有大致的认识。

（2）学生们应该提前查阅相关资料，了解货币政策、财政政策的制定流程、侧重点、实施效果的不同，以及为什么要这样制定政策。

（三）案例分析要点

1. 启发思考题

（1）结合案例，思考相关的货币政策与财政政策施行的原因。

（2）结合案例，从政策制定到传导机制中可能存在哪些问题，未来怎样改进？

2. 分析思路

第（1）题参考答案如下：

新冠肺炎疫情严重影响我国的宏观经济，消费、投资、出口均受到明显冲击。在消费方面，防控疫情需避免人口的流动和聚集，这会大幅降低消费需求。在投资方面，企业复工延迟，制造业短期投资停滞。在出口方面，疫情使得国际贸易暂缓进行，加上企业停产停工，大幅度降低了我国出口量。

对此，国家需要制定并实施相关宏观经济政策，通过适度宽松的货币政策向市场释放流动性，降低利率，刺激经济，拉动需求增长；通过积极的财政政策扩大财政支出、减费降税，向受疫情影响的企业提供相关资金支持、降低或减免相应税收，支持鼓励生产，确保我国经济在疫情中平稳回复和增长。

第（2）题参考答案如下：

我国在疫情期间实施的货币政策无疑促进了我国经济回温并不断发展，但政策实施效果还依赖于传导机制。货币政策传导渠道主要包括利率渠道、银行信贷渠道和资产价格渠道等，这些传导渠道是否顺畅都依赖于发达的金融体系，特别是发达的金融市场；除此之外，货币政策实施中的有效监管同样十分重要。对此，我国必须进一步加快金融中机构和金融市场的发展以及金融监管体系的建设，不断深化金融体制改革。

四、案例总结

新冠肺炎疫情在我国爆发后，我国政府及相关部门迅速出台了一系列宏观政策，阶段性的调控措施取得了较为明显的效果。在疫情全球蔓延的背景下，2020 年也是我国决胜全面建成小康社会的关键一年，我国宏观经济政策的实施为经济复苏、全面脱贫做出了重大贡献。但是疫情何时结束尚是未知数，疫情冲击带来的负面影响仍在持续和深化。我国政府秉持人民利益至上的原则，在后续的疫情防控过程中仍需坚持长期宏观审慎的经济政策，充分发挥货币政策与财政政策这两大政策，确保政策不仅在短期刺激经济增长，在长期仍能维持我国经济稳健发展。

参考文献

[1] 邱粒粒，王洪会. 新冠疫情下我国货币政策有效性研究 [J]. 中小企业管理与科技，2020（30）：106-107.

[2] 钟雨雨. 新冠疫情对我国经济的影响及政策探讨 [J]. 当代经济，2020（10）：4-9.

[3] 程实，钱智俊. 经济战“疫”货币先行 [J]. 中国科学院院刊，2020, 35（2）：195-199.

[4] 乔帆. 新型冠状病毒对我国经济的影响及措施建议 [J]. 中国市场，2020（30）：103-105.

金融助力我国乡村振兴战略的实施

陈懋龙[①]

一、案例正文

处理好农业发展、农村稳定和农民增收的“三农”问题是我国当前一项极为重要的工作。2017年10月18日，习近平总书记在党的十九大报告中指出，实施乡村振兴战略。农业、农村、农民问题是关系国计民生的根本性问题，必须始终把解决好“三农”问题作为全党工作重中之重。2018年中共中央国务院印发《乡村振兴战略规划（2018—2022年）》（以下简称《规划》），确立了我国全面推进乡村振兴战略的五年规划。其中，从健全支农组织体系、创新支农产品和服务以及完善支农激励政策等方面，对金融服务乡村振兴提出要求。随后，中国人民银行、银保监会、证监会、财政部、农业农村部于2019年联合印发《关于金融服务乡村振兴的指导意见》（以下简称《指导意见》），明确提出“以市场化运作为导向、以机构改革为动力、以政策扶持为引导、以防控风险为底线，聚焦重点领域，深化改革创新，建立完善金融服务乡村振兴的市场体系、组织体系、产品体系，促进农村金融资源回流”。下述材料分别对《规划》和《指导意见》中有关金融助力乡村振兴的政策内容做如下摘录：

（一）《乡村振兴战略规划（2018—2022年）》第三十五章：加大金融支农力度

健全适合农业农村特点的农村金融体系，把更多金融资源配置到农村经济社会发展的重点领域和薄弱环节，更好满足乡村振兴多样化金融需求。

一是要健全金融支农组织体系。发展乡村普惠金融。深入推进银行业金融机构专业化体制机制建设，形成多样化农村金融服务主体。指导大型商业银行立足普惠金融事业部等专营机制建设，完善专业化的“三农”金融服

① 陈懋龙，西南财经大学金融学院副教授。

务供给机制。完善中国农业银行、中国邮政储蓄银行“三农”金融事业部运营体系，明确国家开发银行、中国农业发展银行在乡村振兴中的职责定位，加大对乡村振兴信贷支持。支持中小型银行优化网点渠道建设，下沉服务重心。推动农村信用社省联社改革，保持农村信用社县域法人地位和数量总体稳定，完善村镇银行准入条件。引导农民合作金融健康有序发展。鼓励证券、保险、担保、基金、期货、租赁、信托等金融资源聚焦服务乡村振兴。

二是要创新金融支农产品和服务。加快农村金融产品和服务方式创新，持续深入推进农村支付环境建设，全面激活农村金融服务链条。稳妥有序推进农村承包土地经营权、农民住房财产权、集体经营性建设用地使用权抵押贷款试点。探索县级土地储备公司参与农村承包土地经营权和农民住房财产权“两权”抵押试点工作。充分发挥全国信用信息共享平台和金融信用信息基础数据库的作用，探索开发新型信用类金融支农产品和服务。结合农村集体产权制度改革，探索利用量化的农村集体资产股权的融资方式。提高直接融资比重，支持农业企业依托多层次资本市场发展壮大。创新服务模式，引导持牌金融机构通过互联网和移动终端提供普惠金融服务，促进金融科技与农村金融规范发展。

三是要完善金融支农激励政策。继续通过奖励、补贴、税收优惠等政策工具支持“三农”金融服务。抓紧出台金融服务乡村振兴的指导意见。发挥再贷款、再贴现等货币政策工具的引导作用，将乡村振兴作为信贷政策结构性调整的重要方向。落实县域金融机构涉农贷款增量奖励政策，完善涉农贴息贷款政策，降低农户和新型农业经营主体的融资成本。健全农村金融风险缓释机制，加快完善“三农”融资担保体系。充分发挥好国家融资担保基金的作用，强化担保融资增信功能，引导更多金融资源支持乡村振兴。制定金融机构服务乡村振兴考核评估办法。改进农村金融差异化监管体系，合理确定金融机构发起设立和业务拓展的准入门槛。守住不发生系统性金融风险底线，强化地方政府金融风险防范处置责任。

（二）五部门联合发布《关于金融服务乡村振兴的指导意见》

《指导意见》对标实施乡村振兴战略的三个阶段性目标，明确了相应阶段内金融服务乡村振兴的目标。短期内，突出目标的科学性和可行性，到2020年，要确保金融精准扶贫力度不断加大、金融支农资源不断增加、农村金融服务持续改善、涉农金融机构公司治理和支农能力明显提升。中长期，突出目标的规划性和方向性，推动建立多层次、广覆盖、可持续、适度竞争、有序创新、风险可控的现代农村金融体系，最终实现城乡金融资源配置合理有序和城乡金融服务均等化。

《指导意见》指出，要坚持农村金融改革发展的正确方向，健全适合乡村振兴发展的金融服务组织体系，积极引导涉农金融机构回归本源；明确重点支持领域，切实加大金融资源向乡村振兴重点领域和薄弱环节的倾斜力度，增加农村金融供给；围绕农业农村抵质押物、金融机构内部信贷管理机制、新技术应用推广、“三农”绿色金融等，强化金融产品和服务方式创新，更好满足乡村振兴多样化融资需求；充分发挥股权、债券、期货、保险等金融市场功能，建立健全多渠道资金供给体系，拓宽乡村振兴融资来源；加强金融基础设施建设，营造良好的农村金融生态环境，增强农村地区金融资源承载力和农村居民金融服务获得感。

为确保各项政策措施有效落实落地，《指导意见》提出，要完善货币政策、财政支持、差异化监管等政策保障体系，提高金融机构服务乡村振兴的积极性和可持续性。金融机构也要切实加强组织领导，不折不扣抓好落实。同时，开展金融机构服务乡村振兴考核评估，从定性指标和定量指标两大方面对金融机构进行评估，定期通报评估结果，强化对金融机构的激励约束，有效提升政策实施效果。

二、案例的思政元素

（一）我国实施乡村振兴战略的重大意义

作为传统的农业大国，中国过去的社会基层是一个乡土社会，中华文明是典型的农业文明。乡村兴则国家兴，乡村衰则国家衰，乡村振兴战略对于全面建设社会主义现代化国家、实现“两个一百年”奋斗目标和全体人民共同富裕具有重要意义。习近平总书记指出，没有农业现代化，没有农村繁荣富强，没有农民安居乐业，国家现代化是不完整、不全面、不牢固的。当前，我国社会主要矛盾已经转化为人民日益增长的美好生活需要和不平衡不充分的发展之间的矛盾。其中，城乡之间的发展不平衡和乡村的发展不充分问题尤为突出。城乡发展不平衡的具体表现有：城乡居民收入的绝对差距从1978 年的 209 元扩大至 2018 年的 24 634 元[①]；基础设施和公共服务在城市发展又快又好，在农村发展则又慢又差等。同时，农村面临因青壮年劳动力

① 数据来自韩长赋于 2020 年 2 月 28 日在十三届全国人大常委会专题讲座第十讲所做报告《关于实施乡村振兴战略的几个问题》。

流失所导致的村庄空心化，以及农村留守老人、留守儿童和留守妇女的“三留守”等问题。乡村发展不平衡不充分体现为：农业供给质量仍需提高、农村生态环境问题突出、农民生产竞争力不足、支农体系较为薄弱和乡村治理体系有待加强等。可见，实施乡村振兴战略是解决我国社会当前主要矛盾，实现“两个一百年”奋斗目标和全体人民共同富裕的必然要求。

（二）金融支持乡村振兴中我国的制度优势

实施乡村振兴战略，离不开金融的支持。但当前“三农”问题所具有的客观复杂性使得金融服务直达乡村时面临许多阻碍。例如：①农业生产投资的长周期性和弱质性，使之不仅面临巨大的市场风险，还要承受因自然条件的不确定性而导致的生产风险；②农村金融基础设施较为落后，金融资源较为匮乏，金融机构覆盖不全面，表现为大型机构如商业银行在农村金融领域业务拓展不足，存在严重信息不对称，而小型结构如农村信用社虽信息获取较为充分，但可提供的金融产品和服务较为欠缺，风险承担能力也较弱；③农民等贷款主体分散，个人信息获取难、搜集成本高，且缺少标准化资产等抵押品，导致信息不对称问题严重。资本趋利避害的特点进一步加剧了三农领域“融资难”“融资贵”的问题。

为了解决以上农村金融排斥的问题，在中国共产党的坚强领导下，中国人民银行、银保监会、证监会、财政部、农业农村部，以及涉农金融机构等各地区各层级各部门，同心同力，通力合作，共同推进金融“下乡”战略。具体内容包括：①金融机构方面，积极引导大型商业银行发展专业化“三农”金融服务；支持中小型银行优化农村网点渠道建设；推动农村信用社省联社改革并完善村镇银行准入条件；鼓励多种金融机构资源聚焦服务乡村振兴。②金融创新方面，通过结合农村土地、宅基地的三权分置、确权以及颁证，推进基于农村承包土地经营权、农民住房财产权和集体经营性建设用地使用权的抵押贷款试点，探索开发新型信用类金融支农产品和服务。③政策方面，通过构建“三档两优”存款准备金率框架，对农村商业银行、农村信用社实行优惠存款准备金率，并设立专项扶贫再贷款，充分发挥再贷款、再贴现等货币政策工具的精准滴灌作用，并结合奖励、补贴和税收等财政政策工具，完善涉农贴息贷款政策，降低农业经营主体的实际融资成本；并从监管和评估体系入手，强化金融机构和涉农组织的约束和激励机制，进一步提升政策实施效果。

由此可见，尽管金融直达乡村的前路曲折，但在中国共产党的领导下，举全党、全国、全社会之力，针对金融服务“三农”在各个环节所遇到的问题和困难，各层级各部门统筹规划，以明确的目标和有利的举措，直面困难解决问题。在推动金融服务乡村振兴过程中体现的组织动员能力、协调能力、贯彻执行能力，充分彰显了我国国家制度和国家治理体系的优越性。

三、案例使用说明

（一）教学用途和教学目标

1. 教学用途

本案例适用于“金融结构的经济学分析”和“货币政策工具”章节的教学。

2. 教学目标

（1）了解金融体系中各个环节各个机构的职能以及面临的问题——交易成本、信息不对称等问题。

（2）掌握中国人民银行的常规货币政策工具以及非常规货币政策工具。

（3）了解中国人民银行如何使用政策工具传导货币政策。

（二）案例讨论的准备工作

（1）学生应提前预习金融体系结构的相关知识，对当前金融结构的现状有所了解，并对其成因有所思考。

（2）学生应提前预习中央银行的货币政策工具，并通过查阅资料大致了解国内外各央行近期的货币政策。

（三）案例分析要点

1. 启发思考题

结合案例和《货币金融学》教材中“金融结构的经济学分析”和“货币政策工具”等章节，探讨我国如何通过政策引导和金融创新进一步支持乡村振兴战略的实施。

2. 分析思路

参考答案如下：

当前，金融直达乡村的障碍主要来自农业、农村、农民三个方面：①农业生产内生性的高市场风险和高生产风险；②农村较为落后的金融基础设施和匮乏的金融产品和服务；③农民作为贷款主体的信息不对称问题。

针对农业生产的高风险问题，可通过政策支持新型农业经营主体以及农户的自身竞争力。例如，建立专项资金及税收优惠鼓励生产主体的技术升级、改造等，或对在技术创新和品牌创建等方面有突出表现的主体予以物质奖励。在金融机构方面，建立政府、银行、保险和期货公司等机构的风险共担机制，通过多种手段缓解传统业务风险，且通过法治建设和规章制度完善，建立健全信息披露和风险预警等长效机制。

针对农村金融基础设施落后和金融产品服务匮乏的问题，可通过多种激励手段鼓励金融机构拓展农村金融服务业务。例如，运用财政贴息和降税减费等政策引导金融资源流向乡村；鼓励金融机构发展基于开发“山水林田湖草”生态资源的金融创新产品，并对表现突出的机构予以奖励。同时，推进农村数字化“新型基础设施”建设，提升数字化、信息化水平，从而有效降低金融机构拓展农村金融服务业务的信息搜集成本、交易成本，提升服务质量和效率。

针对农民等经营主体的信息不对称问题，首先，需建立和强化农村信用体系，并通过宣传、培训等教育方式提高农村居民金融素养；然后，通过农村数字化“新型基础设施”建设，提高信息透明度，从而缓解信息不对称的问题。针对缺乏合格抵押品的困难户，可探索担保互保模式，适当拓展担保物范围。最后，通过农村金融立法，建立良好的农村金融服务环境。

四、案例总结

金融的首要任务是服务实体，它是通过对金融资源的合理配置达到促进经济增长提高社会总福利的目的。自 2017 年我国确立实施乡村振兴战略以来，金融体系各机构部门积极响应，中国人民银行综合运用存款准备金率、再贷款、再贴现等货币政策手段，降低贫困地区融资成本，引导金融资源流向乡村。金融机构积极参与，探索和创新服务模式，开拓并优化服务渠道，努力化解农业经营主体融资难、融资贵的问题。乡村振兴，道阻且长，战略的践行离不开金融的支持。在理解乡村振兴的重大意义、厘清当前金融服务乡村的主要困难和明确农村金融发展方向的基础上，需继续加强金融体系与各相关部门的合作，开拓创新，为乡村振兴战略的进一步实施注入金融力量。

参考文献

[1] 新华社. 中共中央 国务院印发《乡村振兴战略规划（2018—2022年）》[EB/OL].（2018-09-26）[2020-11-18]. http://www.scio.gov.cn/xwfbh/xwbfbh/wqfbh/39595/40784/xgzc40790/Document/1657666/1657666.htm.

[2] 人民银行、银保监会、证监会、财政部、农业农村部联合发布《关于金融服务乡村振兴的指导意见》[EB/OL].(2019-02-11)[2020-11-18]. http://www.pbc.gov.cn/goutongjiaoliu/113456/113469/3761845/index.html.

[3] 中共中央 国务院关于实施乡村振兴战略的意见 [EB/OL].(2018-02-04)[2020-11-20]. http://www.gov.cn/zhengce/2018-02/04/content_5263807.htm.

[4] 韩长赋. 十三届全国人大常委会专题讲座第十讲“关于实施乡村振兴战略的几个问题”[EB/OL].(2019-03-18)[2020-11-20]. http://www.npc.gov.cn/zgrdw/npc/xinwen/2019-03/18/content_2084075.htm.

[5] 杨伟坤. 以农村金融创新助推乡村振兴 [EB/OL].(2020-04-27)[2020-11-22]. http://theory.people.com.cn/n1/2020/0427/c40531-31689045.html.

中国信用评级市场的对外开放

宋全云[①]

一、案例正文

信用评级市场的良好发展是我国债券市场发展的重要基础，被称为债券市场的“看门人”。信用评级机构在防范化解金融风险、改善民营和中小微企业融资环境等方面发挥很大的作用。我国信用评级行业起步较晚。1988年2月，我国第一家社会化专业资信评估公司“远东资信评估有限公司”成立。1992年10月，我国第一家全国性评级机构“中诚信国际信用评级有限公司”成立。此后，我国信用评级市场快速发展，评级机构数量和规模不断提升和扩大、评级技术不断完善、市场认可度逐渐提高。信用评级行业对外开放是我国金融业开放的重要组成部分，信用评级市场的快速发展离不开我国金融部门改革开放的持续深入。

（一）我国信用评级市场的对外开放进程

2016年12月以前，我国信用评级行业属于限制外商投资产业，发改委、商务部将“资信调查和评级服务公司”列为限制外商投资产业目录，评级市场不对外资评级机构开放。因此，外资评级机构一般采取与国内评级机构合资、合作等方式参与国内评级市场，持股比例受到限制且没有经营权。例如，在银行间债券市场，中国人民银行允许外资评级机构参股国内评级机构或开展技术合作，但持股比例不得超过49%。

2016年12月，国家发展和改革委员会（以下简称国家发展改革委）与商务部发布的《外商投资产业指导目录》将“资信调查与评级服务公司”从限制外商投资产业目录里移除。

2017年7月，中国人民银行对外公告明确外资评级机构在银行间债券市场开展评级业务的相关条件。

---

① 宋全云，西南财经大学金融学院副教授。

2018 年 3 月，银行间债券市场交易商协会发布了《银行间债券市场信用评级机构注册评价规则》，标志着我国债券评级市场正式对外开放。

2019 年 1 月 28 日，中国人民银行营业管理部发布公告，对美国标普全球公司在北京设立的全资子公司——标普信用评级（中国）有限公司予以备案。同日，中国银行间市场交易商协会亦公告接受标普信用评级（中国）有限公司进入银行间债券市场开展债券评级业务的注册。这标志着标普已获准正式进入中国开展信用评级业务。

2020 年 5 月 14 日，中国人民银行营业管理部发布公告，对美国惠誉评级公司（Fitch Ratings，以下简称惠誉）在我国境内设立的独资公司——惠誉博华信用评级有限公司（以下简称惠誉博华）予以备案。同日，中国银行间市场交易商协会发布公告，接受惠誉博华进入银行间债券市场开展部分债券品种评级业务的注册。这标志着惠誉成为继 2019 年标普全球公司之后第二家获准进入中国市场的外资信用评级机构。

（二）我国信用评级市场存在的问题

信用评级可能因信用评级模型和评级技术、分析师能力、所获取信息的完善性等因素而存在一定偏差。同时，还有一些特定因素也会影响信用评级的精准性，这也是目前我国信用评级市场需要进一步完善的地方。具体而言，有以下几方面：

第一，不同信用评级机构的核心竞争力均不突出。目前，我国信用评级机构更偏向于以业务量抢占市场，不同评级机构间的业务水平均较低，业务重叠现象较为突出。国际三大信用评级机构则是在保持竞争关系的基础上发展各自的比较优势并开展合作，从而形成各自的核心竞争力。其中，标普的比较优势在企业评级市场，穆迪的比较优势在融资行为评估，惠誉的比较优势在金融机构评级。

第二，投资人对信用级别合理性、风险揭示性、跟踪评级及时性等方面的评价普遍偏低，各评级机构评级结果的市场认可度不高。“利益冲突”问题导致我国信用评级虚高。一方面，我国信用评级机构主要采用“发行人付费模式”，这种收费方式使得评级机构很难客观公正地向付费方（债券发行主体或信贷主体）开展评级业务。另一方面，我国信用评级机构所提供的信用咨询等附带业务（如提高信用等级等）严重损害了其独立性。这也加剧了“利益冲突”问题。

第三，现有监管体系有待进一步完善。2019 年 11 月中国人民银行、国家发展改革委、财政部、证监会联合对外公布《信用评级业管理暂行办法》

中明确中国人民银行为信用评级行业主管部门，国家发展改革委、财政部、证监会为业务管理部门。在此之前，我国评级行业的监管为由中国人民银行、国家发展改革委、证监会等共同监管的多头监管格局，这容易导致监管效率低、监管标准不统一、监管套利等问题。然而，欧美等国家很早便已对信用评级行业进行专门立法。2006 年，美国出台《信用评级机构改革法案》，并明确美国证监会（SEC）为信用评级机构的唯一监管部门；欧盟 2009 年和 2011 年指定通过《信用评级机构监管法规》及其修正法规，构建了以欧盟证券与市场管理局（ESMA）为主的评级机构监管架构。虽然目前我国已对信用评级行业进行专门立法，未来在信息披露规则、自我约束机制、问责机制等方面仍需进一步完善监管。

二、案例的思政元素

（一）金融业对外开放是我国经济高质量发展的助推剂

金融业对外开放是我国对外开放的重要组成部分。金融业对外开放既是国内金融业自身发展的需要，也是深化金融供给侧结构性改革、实现我国经济高质量发展的内在要求。金融业开放在为我国金融业注入新活力的同时将有助于为我国构建新发展格局提供巨大动能。改革开放初期，我国金融业对外开放进入起步阶段，目的是配合国民经济发展和引进外资需要。2001 年我国加入世界贸易组织后，金融业开放进入加速阶段。该阶段的主要目的是改革金融体制、优化金融机构、提升金融机构竞争力。其中，在债券市场方面，不断引入境外发债主体和投资主体、实现内地香港债券互联互通等。同时，中国债券被纳入彭博巴克莱债券指数、花旗世界政府债券指数和摩根大通旗舰指数等全球著名债券指数。然而，整体而言，我国债券市场的国际化程度并不高。截至 2019 年 9 月底，境外机构在银行间债券市场托管的债券余额占比仅为 2.49%。因此，我国债券市场还有着巨大发展潜力，这就需要作为债券市场“看门人”的国内评级机构提升自身服务。同时，我国信用评级市场的对外开放也是顺应我国债券市场对外开放背景下的现实需要。马克思主义认识论的根本要求是一切从实际出发。从实际出发，就是从变化发展着的客观实际出发，从特定的社会历史条件出发，从事实出发。信用评级市场开放不仅有助于提升我国信用评级机构的自身实力，也有助于提高其国际竞争力，从而更好地服务于我国债券市场发展。

（二）事物都具有两面性，应该全面地、辩证地看问题

任何事物都具有两面性，且处于不断地发展变化之中。因此，在认识事

物上，我们要全面地、辩证地进行看待与分析。国际评级机构进入我国开展信用评级业务，对我国信用评级市场而言既是机遇也是挑战。

一方面，国际评级机构在中国设立全资子公司或独资公司将有助于促进我国信用评级市场竞争、推动我国信用评级机构改革，使得我国信用评级机构在模型、技术、人员队伍等方面向国际知名评级机构看齐，这也将有助于我国信用评级机构的国际竞争力的提升并有助于其进入国际市场开展评级业务。

另一方面，国际评级机构进入所引起的市场竞争的加剧，短期内对我国评级机构的影响可能不大，这是因为：①国际评级机构的业务更多集中于以熊猫债发行人、有海外融资需求的境内企业等；②投资者已经与国内评级机构建立了长期合作关系，可能不会轻易改变到国际评级机构；③国际评级机构的评级模型和评级标准等可能不一定适用于中国市场，短期内开发适用于中国市场的新模型的成本较高。然而，长期内，随着国际评级机构在我国不断开展评级业务，其市场份额将逐渐增加，可能导致发生与我国国内评级机构抢占客户资源并挤压国内评级机构的发展空间。此外，国际评级机构在我国开展评级业务需要评级主体提供信息，这也将对我国的信用安全产生一定影响。因此，从国家层面，应进一步加强针对信用评级市场的监管力度、不断完善相关法律法规。

随着我国金融市场的不断开放，特别是债券市场的对外开放，信用评级市场的对外开放是必要且重要的。因此，我们既要看到国际评级机构进入中国市场可能带来的挑战与风险，也要看到其对国内评级机构快速发展和提升国内评级机构国际竞争力的推动作用。

三、案例使用说明

（一）教学用途和教学目标

1. 教学用途

本案例为描述型案例，适用于“利率的风险和期限结构”章节的“利率风险结构”部分的教学。

2. 教学目标

（1）知识层面。理解债券的利率风险结构、债券的违约风险特征对利率风险结构的影响、债券违约风险的评估、国际信用评级机构发展情况、我国信用评级市场发展情况及其对外开放的现实意义等。

（2）能力层面。帮助学生系统地掌握国际和我国信用评级市场的发展情况，让学生学会结合重要的金融市场改革事件辩证地分析我国金融开放的重要意义及可能面临的问题，培养学生关注现实问题的兴趣和分析经济问题的能力。

（3）素质层面。提升学生的逻辑思考能力，帮助学生在掌握利率风险结构基本知识的基础上，能够结合马克思相关理论辩证地分析问题。

（二）案例讨论的准备工作

（1）学生需预习《货币金融学》中“利率的风险和期限结构”章节的相关知识点，对利率的风险结构、利率风险结构的决定因素具有初步认识。

（2）授课教师可事先对案例材料进行简单说明，准备近期经济新闻（如债券市场暴雷事件等）、信用评级市场方面的政策改革等资料，着重反映我国及国际信用评级市场的发展趋势，帮助学生深入理解信用评级市场对外开放的现实意义及其对我国债券市场发展的重要影响。

（三）案例分析要点

1. 启发思考题

（1）信用评级机构在我国债券市场中发挥着哪些重要作用?

（2）国际评级机构进入中国开展信用评级业务可能引发哪些金融风险?

（3）结合案例，谈谈你对中国信用评级市场监管的看法。

2. 分析思路

以上思考题是基于债券违约风险知识点提出。

第（1）题参考答案：

首先，信用评级具有信用风险揭示功能。信用风险作为市场各方面的主要风险类型之一，评级机构在搜集和加工信息的基础上形成相应的评级报告，并以相应的符号表示信用风险高低，以揭示投资者所面临的财务、经营和环境等方面的信用风险大小。从一级市场来看，信用评级是影响债券发行的重要因素之一。在西方发达国家的债券市场中，债券信用评级的公信力得到了市场的普遍认可，评级结果能够如实反映发行债券的违约率进而影响债券的定价机制，债券评级的市场效率得到充分体现。从结果看，信用评级能够反映出债券的信用风险程度，即高评级债券的违约率明显低于低评级债券的违约率。以标准普尔的企业发债者评级为例，1981—2005 年，AAA 评级在五年内的平均违约率只有 0.10%，AA 评级为 0.30%，A 评级为 0.62%，BBB 评级为 2.85%，而投资级 BB 评级以下的企业日平均违约率则显著地升高到 11.51%，B 评级的违约率甚至高达 25.56%。

其次，信用评级具有缓解信息不对称的作用。债券发行主体拥有自身所有信息，而投资者因信息获取不充分而成为信息劣势方，这种信息不对称可能损害投资者的利益。信用评级机构所提供的信用评级有助于投资者了解更多的与债券发行主体有关的有价值的信息，因而信用评级有助于缓解投资者与债券发行主体间的信息不对称，从而影响投资者的投资决策，使债券的价格发生波动。从二级市场来看，信用评级不仅会影响债券的发行价格，还会影响债券的收益率。因此，债券的回报率也会相应地发生变化。

最后，提高市场交易效率。信用评级机构降低了投资者对债券发行主体信息收集、加工和分析的成本及费用，降低了投资者寻找合适投资人并进行谈判的成本，从而有助于市场交易效率的提高。

第（2）题参考答案：

信用评级机构可以通过评级影响一国的银行、证券等金融机构的运行，从而影响国家的金融安全与稳定。信用评级是第三方评级机构以相对客观公正的视角对被评价主体的风险水平进行评估，为投资者决策提供信息和参考。如果评级机构对一国的金融资产偿还持有悲观情绪，便会降低其评级，这一信号会迅速被市场捕捉，可能造成国际投资者对该国资产减持，从而影响到该国金融资产的定价。例如，在欧债危机事件中，信用评级机构就起到了推波助澜的作用。2009 年 12 月，惠誉率先将希腊的主权信用评级由“A-”降为“BBB+”，同时将希腊公共财政状况前景展望确定为“负面”。14 天后，穆迪则将希腊短期主权信用级别由 A-1 下调至 A-2 级。至此，希腊债务危机终于爆发。2010 年 4 月，穆迪宣布降低希腊主权债务的信用等级。此后，国际评级机构标普降低对希腊长期主权的评级，给予其“垃圾债”的评级，结果导致国际投资者的迅速撤离，金融市场发生剧烈震荡，股市大幅下挫，连带影响到欧洲其他股市，全球市场市值也大幅蒸发。2010 年 4 月底，标准普尔将葡萄牙的长期主权信用评级从 A+降至 A-。2010 年 5 月初，穆迪将葡萄牙列入负面观察名单，并提出有可能下调两档的警告。2010 年 5 月底，惠誉宣布将西班牙的主权评级从 AAA 级下调至 AA+级。由此，希腊债务危机开始向欧洲债务危机发展。债务危机引发全球市场恐慌，美国和全球股市都出现了暴跌。由此可见，国际信用评级机构对国家金融安全有着重要影响。

第（3）题参考答案：

2019 年 11 月之前，我国信用评级市场呈现多头监管格局。我国债券市场具有多种多样的债券品种，基于对不同品种债券的监管需求而衍生出了对评级机构的多头监管。然而，多头监管存在以下几方面的问题：①评级机构缺乏统一有效的监管，这是因为不同监管部门对资信评级机构资质认可的标准不一致；②评级机构缺乏统一具体的监管政策。例如，银行间债券市场和交易所债券市场在评级信息披露要求、评级业务流程监管要求、报备材料要求、人员资格要求等方面存在大量不同之处。这使得评级机构在同时从事多个市场评级业务时需面对不同的监管政策，不仅降低了工作效率，也增加了运营成本。

2019 年 11 月，中国人民银行、国家发展改革委、财政部、证监会联合对外公布《信用评级业管理暂行办法》中明确中国人民银行为信用评级行业主管部门，国家发展改革委、财政部、证监会为业务管理部门，改变了我国信用评级机构多头监管的格局。未来，我国信用评级监管还应在以下几方面进一步完善。第一，强化信息披露。明确评级机构的信息披露规则和披露规范。第二，完善问责机制。对于评级机构因意外或过失导致评级结果失真而给评级报告使用者造成的损失，应按照损失水平追究其民事责任或刑事责任。第三，随着信用评级市场对外开放的不断深入，我国还应加强国际评级监管合作，建立跨境评级监管协调机制。最后，我国还应进一步健全自律机制，强化评级行业自我约束力。

四、案例总结

信用评级市场是我国债券市场发展的重要基石。通过本案例的学习，学生不仅掌握了利率风险结构的基本知识，也结合当前我国信用评级市场发展情况深刻感受了信用评级市场对外开放的重要作用。

需要注意的是：近年来，我国信用评级行业不仅在“引进来”方面不断发力，也积极推动国内评级机构“走出去”。我国鼓励境内评级机构积极拓展国际评级业务，支持和引导我国信用评级机构在“一带一路”倡议实施中发挥更大作用，全面提升我国信用评级市场的国际化水平。

与此同时，我国信用评级行业也积极对内开放。2020 年 5 月 27 日，金融委办公室发布的 11 条金融改革措施中提及，推动信用评级行业进一步对内对外开放，允许符合条件的国际评级机构和民营评级机构在我国开展债券信用评级业务，鼓励境内评级机构积极拓宽国际业务。例如，蚂蚁金服在 2020 年 3 月新设蚂蚁信用评估有限公司，并于 2020 年 6 月 15 日完成备案办理。

因此，我国信用评级市场的竞争水平将不断提高，这将有助于推动信用评级市场的健康发展。当然，在此过程中我们还需警惕可能引发的金融风险，并依此不断完善信用评级监管体系。

参考文献

[1] 扈企平. 信用评级是债券市场发展的基石 [EB/OL]. (2007-11-29) [2020-11-05]. http://jjckb.xinhuanet.com/gd/2007-06/01/content_52047.htm.

[2] 金兵兵. 新时代市场开放条件下我国信用评级机构发展问题研究 [J]. 征信, 2019 (1): 35-39.

[3] 王冠楠, 项卫星, 卢书媛. 中国信用评级市场开放对国内企业评级的影响 [J]. 国际金融研究, 2018 (8): 78-87.

[4] 张浩. 中国信用评级市场的发展回顾与展望 [J]. 金融监管研究, 2018 (10): 29-25.

金融助力脱贫攻坚的中国方案

王锦阳　孙牧佳　黄金金[①]

一、案例正文

贫困与反贫困一直是全人类共同关注的重要问题。2020 年 11 月 23 日，中国贵州省宣布最后 9 个深度贫困县退出贫困县序列。这不仅标志着贵州省 66 个贫困县实现整体脱贫，也标志着中国脱贫攻坚目标任务的全面完成。这意味着中国提前 10 年实现联合国 2030 年可持续发展议程的减贫目标。正如习近平总书记所说，世界上没有哪一个国家能在这么短的时间内帮助这么多人脱贫。这对中国和世界都具有重大意义。改革开放 40 多年来，特别是党的十八大以来，我国成功走出了一条中国特色扶贫开发道路，形成了中国特色脱贫攻坚制度体系，谱写了人类反贫困历史的崭新篇章，在扶贫脱贫领域取得的成就和经验，为全球减贫事业贡献了中国智慧和中国方案。

打赢中国脱贫攻坚战离不开中国金融体系的支持。金融助力中国脱贫攻坚是中国金融业实施中央部署的重要行动，是履行社会责任的重要标志，是提高贫困人群总体水平的重要举动，是产业脱贫的重要推力，也是金融业实现自身创新的重要机遇。

（一）金融扶贫制度变迁历程

改革开放 40 多年来特别是党的十八大以来，中国金融扶贫制度经历了系列变迁。

1978 年 12 月召开的党的十一届三中全会通过了《中共中央关于加快农业发展若干问题的决定（草案）》，提出恢复中国农业银行，由其统一管理支农资金，集中办理农村信贷，领导农村信用合作社，发展农村信贷事业。该阶段扶贫目标主要以区域瞄准为主，着重关注“老、少、边、穷”地区

---

① 王锦阳，西南财经大学中国金融研究中心副教授；孙牧佳、黄金金，西南财经大学中国金融研究中心硕士研究生。

贫困问题，相应的扶贫政策主要以向贫困农村地区和连片贫困地区直接转移财政资金为主，具有明显的救济性特征，金融扶贫尚处于萌芽阶段。

从1986年《中共中央、国务院关于一九八六年农村工作的部署》印发，确立了开发式扶贫方针，到1993年，党的十四届三中全会通过《中共中央关于建立社会主义市场经济体制若干问题的决定》(以下简称决定)，确定了我国金融体制改革的总体目标，决定强调扶持贫困地区特别是革命老区、少数民族地区、边远地区等发展经济。随着以扶贫贴息贷款为标志的信贷扶贫政策的制定与金融体制改革总体目标的确定，我国金融扶贫政策在这一阶段基本得以确立。

从1994年开始，国务院公布实施《国家“八七”扶贫攻坚计划(1994—2000年)》，要求由中国农业发展银行执行扶贫贷款政策，集中用于中西部深度贫困地区，并要求国有商业银行每年安排一定信贷资金，有选择地对贫困地区进行项目贷款扶持，探索可行的扶贫贷款模式。到1999年，中国人民银行先后出台了《农村信用社农户小额信用贷款管理暂行办法》和《农村信用合作社农户联保贷款管理指导意见》，农村信用社开始推广小额信贷业务，资金主要来源于中国人民银行发放的低息支农再贷款。在这一阶段，金融扶贫机构呈现政策性、商业性、合作性金融机构等多元化主体并存的局面，并尝试性地探索了扶贫小额信贷模式，标志着我国金融扶贫政策进入探索阶段。

步入21世纪后，中国扶贫工作进入深化阶段。为进一步改善贫困地区基本生产、生活条件，我国于2001年颁布《中国农村扶贫开发纲要（2001—2010年）》，提出在确保资金安全的前提下继续扩大扶贫贴息贷款投放量，并积极稳妥地推广扶贫小额信贷，到了2008年，党的十七届三中全会《中共中央关于推进农村改革发展若干重大问题的决定》更是明确提出建立现代农村金融制度。在此十年间，扶贫工作不仅引入了包括中国农业发展银行、国家开发银行、国有商业银行、中国邮政储蓄银行、农村商业银行(农村信用社)和微型金融机构在内的多种金融机构，而且在扶贫贴息贷款和扶贫小额信贷的基础上，还引入了扶贫再贷款和农业保险，金融扶贫制度从以往单一的信贷扶贫向信贷和保险联合扶贫转化。

经过前几个阶段的扶贫，我国贫困地区的经济、金融环境获得了显著改善。中国扶贫工作开始进入脱贫攻坚阶段。2013年11月，习近平总书记赴湖南湘西考察时首次提出“精准扶贫”重要思想，标志着我国进入精准式扶贫战略新阶段。为适应扶贫的新动向，中国人民银行等七部门于2014年

3月联合发布《关于全面做好扶贫开发金融服务工作的指导意见》，提出扶贫开发金融服务工作的总体规划及重点领域。2015年11月颁布的《中共中央 国务院关于打赢脱贫攻坚战的决定》将精准扶贫、精准脱贫确定为国家农村扶贫的基本方略，其中要加大金融扶贫力度，鼓励和引导商业性、政策性、开发性、合作性等各类金融机构加大对扶贫开发的金融支持，由国家开发银行和中国农业发展银行发行政策性金融债，按照微利或保本的原则发放长期贷款，中央财政给予90%的贷款贴息，专项用于易地扶贫搬迁；国家开发银行、中国农业发展银行分别设立“扶贫金融事业部”，依法享受税收优惠；中国农业银行、邮政储蓄银行、农村信用社等金融机构要延伸服务网络，创新金融产品，增加贫困地区信贷投放。对有稳定还款来源的扶贫项目，允许其采用过桥贷款方式，撬动信贷资金投入；按照省（自治区、直辖市）负总责的要求，建立和完善省级扶贫开发投融资主体，支持农村信用社、村镇银行等金融机构为贫困户提供免抵押、免担保扶贫小额信贷，由财政按基础利率贴息；加大创业担保贷款、助学贷款、妇女小额贷款、康复扶贫贷款实施力度；优先支持在贫困地区设立村镇银行、小额贷款公司等机构；支持贫困地区培育发展农民资金互助组织，开展农民合作社信用合作试点；支持贫困地区设立扶贫贷款风险补偿基金；支持贫困地区设立政府出资的融资担保机构，重点开展扶贫担保业务；积极发展扶贫小额贷款保证保险，对贫困户保证保险保费予以补助；扩大农业保险覆盖面，通过中央财政以奖代补等支持贫困地区特色农产品保险发展；加强贫困地区金融服务基础设施建设，优化金融生态环境；支持贫困地区开展特色农产品价格保险，有条件的地方可给予一定保费补贴；有效拓展贫困地区抵押物担保范围。

紧接着，2015年12月，国务院印发《推进普惠金融发展规划（2016—2020年）》将发展普惠金融帮助贫困地区减贫脱贫提升至国家扶贫开发战略的高度。再到2016年3月16日，中国人民银行等7部门联合印发《关于金融助推脱贫攻坚的实施意见》提出，要从精准对接脱贫攻坚多元化融资需求、大力推进贫困地区普惠金融发展、充分发挥各类金融机构助推脱贫攻坚主体作用、完善精准扶贫金融支持保障措施和持续完善脱贫攻坚金融服务工作机制五个方面着手，力求将金融扶贫工作的“不精准”变为“精准”。首先，精准对接贫困地区发展规划，找准金融支持的切入点，精准对接特色产业金融服务需求，精准对接贫困人口就业就学金融服务需求，增强贫困户自我发展能力，精准对接易地扶贫搬迁金融服务需求，支持贫困人口搬得出、稳得住、能致富，精准对接重点项目和重点地区等领域金融服务需求，夯实贫困地区经济社会发展基础。其次，深化农村支付服务环境建设，推动支付服务进村入户，加强农村信用体系建设，促进信用与信贷联动，重视金融知识普及，强化贫困地区金融消费者权益保护。再次，完善内部机构设置，发挥好开发性、政策性金融在精准扶贫中的作用，下沉金融服务重心，完善商业性金融综合服务，强化农村中小金融机构支农市场定位，完善多层次农村金融服务组织体系，加强融资辅导和培育，拓宽贫困地区企业融资渠道，创新发展精准扶贫保险产品和服务，扩大贫困地区农业保险覆盖范围，引入新兴金融业态支持精准扶贫，多渠道提供金融服务。同时，在完善精准扶贫金融支持保障措施中，要设立扶贫再贷款，发挥多种货币政策工具引导作用；加强金融与财税政策协调配合，引导金融资源倾斜配置；实施差异化监管政策，优化银行机构考核指标。最后，在持续完善脱贫攻坚金融服务工作机制中，要加强组织领导，健全责任机制；完善精准统计，强化监测机制；开展专项评估，强化政策导向；加强总结宣传，营造良好氛围。

2019 年 5 月 16 日，中国人民银行发布《关于切实做好 2019—2020 年金融精准扶贫工作的指导意见》（以下简称《意见》）提出如下意见：第一，改善货币政策传导机制，引导金融机构加大扶贫信贷投放，充分发挥扶贫再贷款引导作用，积极引导定向降准释放资金投向贫困地区；第二，促进金融支持与产业扶贫有效融合，增强贫困地区发展动力，推动贫困地区增强金融资源承载能力，结合产业特点创新金融产品，深化产业扶贫利益联结机制；第三，聚焦深度贫困地区，加大金融资源倾斜力度，着力满足深度贫困地区合理金融需求，优先对深度贫困地区开展金融结对帮扶行动；第四，强化政策衔接，扎实做好易地扶贫搬迁综合金融服务，加强易地扶贫搬迁资金管理，支持易地扶贫搬迁后续产业发展和就业创业；第五，提升金融体系普惠性，优化贫困地区金融生态环境，加快推动贫困地区信用体系建设，继续提升贫困地区支付服务水平，进一步推进贫困地区支付服务基础设施建设，扩大贫困地区支付清算网络覆盖范围，加强金融知识宣传和金融消费者权益保护；第六，加强协调合作，打造多层次定向帮扶体系，认真履行定点帮扶责任，推动东西部扶贫产业对接协作，探索建立跨区域联动合作机制，推动东西部扶贫产业对接金融服务创新，加大东西部扶贫对接协作产业项目的金融支持；第七，防范金融扶贫领域风险，支持高质量可持续脱贫，规范和完善扶贫小额信贷管理，防范以扶贫名义过度融资，高度关注片面追求贷款规模和覆盖面、以扶贫名义过度举债等扶贫领域融资可能存在的风险；第八，落实巡视整改要求，促进金融精准扶贫提质增效，认真落实中央脱贫攻坚专项巡视的整改意见，巩固提升金融扶贫领域作风专项治理成效；第九，巩固脱贫成果，做好金融扶贫和乡村振兴金融服务政策衔接，高度重视巩固脱贫防止返贫工作，不断提升乡村振兴金融服务水平；第十，加强组织协调，有效推动政策落实，加强统计监测与评估考核，加强金融与财税等政策协调配合。该《意见》聚焦脱贫攻坚、聚焦特殊群体、聚焦群众关切，它对优化资源配置，创新产品服务，加大金融支持，有效防范金融风险，助推脱贫攻坚和全面建成小康社会具有重大意义。

在中国脱贫攻坚阶段，金融扶贫主要呈现以下特点：①金融扶贫各部门的联动有所增强，形成了由政策制定者、金融管理者与金融机构等多方参与的金融扶贫新格局。②金融扶贫手段更加多元，由原先单一信贷扶贫转变为现阶段信贷扶贫、保险扶贫、资本市场扶贫、担保扶贫等协同推进。③金融扶贫内容更加深化，金融扶贫的重点不仅在于增加农民收入，而且还在于推动贫困地区生态建设、环境保护、产业结构升级、基础设施建设、创业促就业等，中国的金融扶贫也进入了相对成熟的创新阶段。

（二）金融助力脱贫攻坚的举措和途径

自我国的扶贫事业开展以来，中国人民银行、银保监会、证监会、国务院扶贫办等部门不断完善金融扶贫政策体系，通过加强宏观信贷政策指导，综合运用多种货币政策工具，调动全部金融系统力量集中攻坚，引导金融机构将更多资源投向贫困地区，为打赢脱贫攻坚战提供有力支撑。金融助力中国脱贫攻坚的举措和途径主要体现在如下六个方面。

第一，扶贫小额信贷。扶贫小额信贷把激发建档立卡贫困户内生动力、实现脱贫攻致富作为根本任务，在遵循精准扶贫、信用贷款、政府引导、市场运作、加强宣传、尊重意愿、规范运作、防范风险的工作原则的基础上，推动财政扶贫政策与金融良性互动，充分发挥金融机构作用。扶贫小额信贷的运作模式：①在开展“信用户、信用村、信用乡（镇）”创建活动的基础上，针对贫困户的实际情况，完善增信措施，通过改进评级方法或制定专门的授信政策，对申请贷款的建档立卡贫困户进行授信，将全国扶贫信息网络系统与银行贷款管理系统有效对接，建立贫困户个人信用档案。②加大对贫困地区支农再贷款、再贴现支持力度，引导金融机构扩大对建档立卡贫困户的信贷投放，降低建档立卡贫困农户的融资成本。③各地统筹安排财政扶贫资金，对符合条件的贷款户给予贴息支持。④有条件的地方可根据实际情况安排资金，用于补偿扶贫小额信贷发生的坏账损失；支持推广扶贫小额信贷保险，鼓励贷款户积极购买，分散贷款风险。⑤采取“以社带户、以企带村”的方式，组织贫困农户参与扶贫特色优势产业建设，拓宽建档立卡贫困户获得贷款的途径。⑥探索建立县、乡（镇）、村三级联动的扶贫小额信贷服务平台，为建档立卡贫困户提供信用评级、建立信用档案、贷款申报等信贷服务。扶贫小额信贷解决了贫困户发展生产的资金短缺问题，增强了贫困群众内生动力，实现了贫困户增收和产业发展的双赢。截至 2019 年年底，全国累计发放扶贫小额信贷 6 043 亿元，惠及 1 520 多万名贫困户。

第二，产业扶贫贷款。产业扶贫贷款主要用于支持贫困地区特色产业发展和贫困人口创业就业，促进金融扶贫与产业扶贫融合发展。贵州省农村信用联社开发“深扶贷”等产业扶贫信贷产品，有力支持农户发展高山茶叶等特色产业，县域茶叶种植达 15 万亩（1 亩≈667 平方米），惠及近万名贫困户。广西壮族自治区那坡农村商业银行向那坡同益新丝绸科技实业有限公司发放 1 380 万元产业扶贫贷款支持当地特色扶贫产业发展，为建档立卡贫困户提供 800 个就业岗位。江西省遂川县农商行利用扶贫再贷款资金为江西聚满源生态农业发展有限公司发放油茶贷 500 万元，带动当地贫困户通过油茶产业脱贫致富。

第三，创新推出易地扶贫搬迁专项金融债，指导国家开发银行、中国农业发展银行对接项目和资金需求，支持搬迁群众实现搬得出、稳得住、能脱贫。截至 2019 年年末，国家开发银行、农业发展银行累计发放易地扶贫搬迁专项金融债 1 939 亿元。全国 960 万名贫困搬迁群众实现脱贫。易地扶贫搬迁建档立卡贫困户人均纯收入从 2016 年的 4 221 元，提高到 2019 年的 9 313 元，年均增幅 30.2%。除了前期资金上的支持，易地扶贫搬迁后续支持体系正在逐步形成。

第四，银行业金融机构扶贫。银行业金融机构积极响应党中央、国务院号召，在中国人民银行、银保监会的指导下，形成多层次的金融扶贫服务体系，有力支持了贫困地区的发展和贫困人口脱贫致富。开发性、政策性银行充分发挥其政策性优势，支持贫困地区交通、水利、易地扶贫搬迁等基础设施建设项目，极大改善贫困地区的生产生活条件；农村信用社、农村商业银行、村镇银行着力打通金融服务“最后一公里”；商业银行充分发挥其对接市场、信息灵活的优势，支持贫困地区发展特色优势产业，带动贫困人口脱贫致富。

第五，保险扶贫。银保监会充分发挥监管引领作用，引导保险公司深入推进保险扶贫，大力发展农业保险，积极开展健康扶贫，充分发挥风险保障作用，防止贫困人口因灾、因病返贫。目前，农业保险服务已覆盖全国

95%以上的乡镇，农业保险承保农作物超过 270 种，基本覆盖常见农作物，价格保险、收入保险、“保险+期货”等新型农险业务快速发展。2019 年 1—12 月，农业保险参保农户 1.91 亿户次，提供风险保障 3.81 万亿元，支付赔款 560.2 亿元，受益农户 4 918.25 万户次，备案扶贫专属农业保险产品 425 个。大病保险向贫困人口实施政策倾斜，降低起付线，放宽报销范围，提高报销水平，切实减轻贫困群众的医疗负担，在 1 000 多个县（市）承办了针对贫困人口的商业补充医疗保险业务，覆盖贫困人口 4 000 多万人。

第六，资本市场扶贫。证监会深入学习贯彻习近平总书记关于扶贫工作的重要论述，2016 年 9 月发布了《中国证监会关于发挥资本市场作用服务国家脱贫攻坚战略的意见》。截至 2019 年 12 月底，已有 14 家贫困地区企业首发上市，募集资金达 79.81 亿元；累计发行扶贫公司债券和资产支持证券 94 只，发行金额达 504.65 亿元；贫困地区企业在新三板市场挂牌 316 家，169 家挂牌公司开展融资，融资金额达 200.49 亿元，26 家公司完成并购重组，交易金额达 35.09 亿元。中国证券业协会发起“一司一县”结对帮扶倡议，已有 101 家证券公司结对帮扶 285 个国家级贫困县，累计帮助贫困地区企业融资 2 026 亿元；中国期货业协会推出“一司一结对”帮扶措施，已有 98 家期货经营机构与 156 个国家级贫困县（乡、村）签署了 250 份结对帮扶协议，累计投入帮扶资金 3.37 亿元；中国证券投资基金业协会设立“基金行业扶贫公益联席会制度”，累计投入扶贫资金 1.66 亿元，惠及 780 万人。在 2015 年大连商品交易所首次开展“保险+期货”业务试点的基础上，上海、郑州、大连三家期货交易所提供资金，自 2016 年开始优先支持贫困地区开展“保险+期货”试点，共在 23 个省（区、市）开展了 249 个试点项目，品种涵盖大豆、玉米、鸡蛋、棉花、白糖、苹果、天然橡胶等，已发展成为促进贫困地区农业发展、农民增收和防灾减损的重要保障。

二、案例的思政元素

（一）金融扶贫要坚持党的领导，发挥制度优势

实现全面脱贫是一项系统性工程，因此，为实现金融扶贫的有序推进，要将金融扶贫任务嵌入到党和国家发展全局之中，并进行相应的制度安排和机制设定。一是坚持党对金融扶贫工作的领导，发挥党的领导制度优势。坚持党的领导是金融助力脱贫攻坚进展顺利的政治保障，金融扶贫越到最后越要加强和改善党的领导。国家制定农村扶贫基本方略，要求鼓励和引导商业

性、政策性、开发性、合作性等各类金融机构加大对扶贫开发的金融支持，在党的正确领导下，在中国人民银行、银保监会的指导下，最后形成多层次的金融扶贫服务体系，有力支持了贫困地区的发展和贫困人口脱贫致富，形成资源的协同化整合，发挥资源调配统合优势。二是坚持全国一盘棋，调动各方面积极性，及时化解消极因素，充分发挥集中力量办大事的中国制度优势。其中，中国人民银行、银保监会、证监会、国务院扶贫办等部门不断完善金融扶贫政策体系，通过加强宏观信贷政策指导，综合运用多种货币政策工具，调动全部金融系统力量集中攻坚，引导金融机构将更多资源投向贫困地区，推动资源跨域性流动、政策针对性倾斜，为打赢脱贫攻坚战提供有力支撑。三是实现治理人才高效配置，发挥人才资源融合优势。打赢脱贫攻坚战，尤其要注重治理型人才和专业型人才的合理配置和科学使用。金融扶贫的有序推进，不仅需要先进的理念、科学的战略、有利的政策，而且需要得力的人才、坚决地执行。充分运用好东西部扶贫协作“点对点”的机制和优势，通过扶贫干部和扶贫专家的高效化配置，不断增强贫困地区的贫困治理能力，加快脱贫进程。

（二）金融扶贫要以人为本，坚持以人民为中心

党的十八届五中全会首次提出“坚持以人民为中心的发展思想”，具有重大意义。发展为了人民，这是马克思主义政治经济学的根本立场。习近平总书记明确指出，“消除贫困、改善民生、实现共同富裕，是社会主义的本质要求，是我们党的重要使命”。2018 年 6 月，他对脱贫攻坚工作做出重要指示强调，打赢脱贫攻坚战，对全面建成小康社会、实现“两个一百年”奋斗目标具有十分重要的意义。要聚焦深度贫困地区和特殊贫困群体，确保不漏一村不落一人。

金融助推精准扶贫精准脱贫，体现了中国共产党为人民服务的根本宗旨，也是实现共同富裕奋斗目标的必然要求。在中国特色社会主义制度下，助推精准扶贫精准脱贫是金融义不容辞的责任。发展普惠金融就是要提升金融服务的覆盖率、可得性、满意度，满足人民群众日益增长的金融需求。为此，习近平总书记在 2017 年全国金融工作会议上提出，“要建设普惠金融体系，加强对小微企业、‘三农’和偏远地区的金融服务，推进金融精准扶贫”。党的十八大以来，我国金融业深入精准扶贫精准脱贫第一线，取得了巨大成效，特别是数字普惠金融通过数字化技术与普惠金融的融合使得对贫困户的金融供给更加有效，金融扶贫因此更容易从“大水漫灌”转变为“精准滴灌”，从而大大提高了金融精准扶贫精准脱贫的工作效率，最终使得金融扶贫也确确实实给老百姓带来实实在在的好处和满足他们真真切切的需要。

（三）金融扶贫要实事求是，具体问题具体分析

2013 年 11 月，习近平总书记在湖南湘西花垣县十八洞村考察时首次提出了“精准扶贫”，强调扶贫要实事求是，因地制宜。要精准扶贫，切忌喊口号，也不要定好高骛远的目标。习总书记还指出，“我们坚持中国制度的优势，构建省市县乡村五级一起抓扶贫，层层落实责任制的治理格局”“我们注重抓六个精准，即扶持对象精准、项目安排精准、资金使用精准、措施到户精准、因村派人精准、脱贫成效精准，确保各项政策好处落到扶贫对象身上”。所以，在金融扶贫过程中，要精准到户金融扶贫，要提高扶贫资金使用精准性，让扶贫资金精准到达贫困人口手中，严格避免扶贫资金使用中的“寻租”现象，避免“跑”“滴”“漏”。在普惠金融服务精准扶贫过程中要注重对贫困人口脱贫意志的教育，将扶贫资金与贫困人口内在脱贫意志相结合，通过贫困人口努力发展生产实现精准脱贫。否则，再多的扶贫资金也是徒劳。另外，到户金融扶贫要注重提供包括信贷、教育和咨询在内的多方面服务。同时，针对不同地区不同情况，我们还要有所创新，有所发展。而金融创新就是解决贫困地区资金难的最直接有效的途径，不过其金融体系和金融产品都要符合贫困地区的生产发展情况，才能带动当地的扶贫项目，激发贫困人群的自我发展，实现可持续脱贫；稳定发展环境，更好地完成脱贫攻坚任务。例如，商业银行推出的系列扶贫信贷产品、国家开发银行等政策型银行发行扶贫专项金融债、保险公司推动“保险+期货”等新型农险业务都是金融机构积极支持脱贫攻坚，践行金融服务实体经济的金融创新。显然，面对我国复杂且多样化的扶贫环境，同质性的金融工具和金融政策不一定能够适用于所有地区和所有情况，所以要具体问题具体分析，实事求是，有的放矢地去创新金融工具和金融政策，更好地适应脱贫攻坚的需要。

三、案例使用说明

（一）教学用途和教学目标

1. 教学用途

本案例为描述性案例，适用于“金融机构概览”章节的“金融中介机构”部分、“金融创新”章节的“金融创新的原因”和“中央银行”章节的“中央银行独立性”部分的教学。

2. 教学目标

（1）掌握金融中介机构的功能及其基本类型。

（2）理解金融创新的含义。

（3）理解中央银行的独立性的含义。

（二）案例讨论的准备工作

（1）学生应提前预习金融中介机构的相关知识，如金融中介机构的功能、基本类型等。

（2）学生应提前预习金融创新的系列相关知识，如金融创新的功能、监管等。

（3）学生应提前查阅相关资料，了解中央银行的基本概念、中央银行的独立性等。

（三）案例分析要点

1. 启发思考题

（1）结合案例，谈谈金融中介机构的功能及其基本类型的认识。

（2）结合案例，谈谈金融创新的原因有哪些？我们应该如何看待金融创新？

（3）结合案例，谈谈你对中央银行独立性的认识。

2. 分析思路

第（1）题参考答案：

金融中介机构的功能是间接融资。这是实现资金从富余者向短缺者转移的重要渠道。在国家宏观信贷政策、货币政策工具和财政政策工具的作用下，金融中介机构将更多的金融资源投向贫困家庭和地区，在一定程度上缓解了贫困地区和家庭的资金需求。

金融中介机构可以分为存款类金融机构、契约型储蓄机构、投资型金融机构和政策型金融机构。①存款类金融机构是从个人和机构手中吸收存款并且发放贷款的金融中介机构。案例中提及的商业银行和信用社属于该类金融中介机构。②契约型储蓄机构是指根据契约规定按期获得资金的金融中介机构，如提供农业保险和健康保险的保险公司。③投资型金融机构包括财务公司、共同基金、货币市场共同基金、对冲基金和投资银行。④政策型金融机构是指由政府设立或支持的，以贯彻落实政府经济政策为目的，不以盈利为目标的金融机构。创新推出扶贫专项金融债的国家开发银行和中国农业发展银行属于该类金融中介机构。

第（2）题参考答案：

金融创新是指金融机构研发新产品来满足自身需求和客户需求的过程。根据金融创新的原因，金融创新往往包含三种基本类型：①适应需求变化的金融创新；②适应供给变化的金融创新；③规避管制的金融创新。国家开发银行、中国农业发展银行创新推出扶贫专项金融债，保险公司大力发展农业保险，推动“保险+期货”等新型农险业务的快速发展属于适应需求变化的金融创新。

关于金融创新与金融安全，一方面，适度的金融创新通过金融市场的风险分担功能可以降低和分散风险，从而促进金融安全的提高；但另一方面，过度的金融创新可能会威胁金融安全。因此，我们不能因为金融创新存在潜在威胁金融安全的事实就完全否定和全面压制金融创新的作用和发展，而应该对金融创新树立分类化和差异化的监管理念：一方面，要对那些脱离实体经济的自我创新、自我循环和自我膨胀的金融创新采取更严格、更审慎的监管标准和措施来抑制其发展；另一方面，要通过相对宽松合理的监管标准和措施为那些有利于提高市场效率和服务实体经济的金融创新预留相应的发展空间。商业银行推出的系列扶贫信贷产品、国家开发银行等政策型银行发行扶贫专项金融债、保险公司推动“保险+期货”等新型农险业务是金融机构积极支持脱贫攻坚，践行金融服务实体经济的金融创新，我们应该对其采取相对宽松合理的金融监管。

第（3）题参考答案：

中央银行的独立性是指中央银行在制定实施货币政策、调控监管其国家（或地区）金融时具有的自主程度，其本质是中央银行与政府的关系问题。中央银行的独立性分为两种不同的类型，即工具独立性和目标独立性。所谓工具独立性是指中央银行自主使用货币政策工具的能力；目标独立性是指中央银行设定货币政策目标的能力。

一方面，由于中央银行和政府所处地位、行为目标、利益需求和制约因素的不同，中央银行为了保证业务活动的正常进行，应该对政府保持一定的独立性。另一方面，作为国家的金融管理当局，中央银行是政府实施宏观调控的重要部门，其独立性应该是相对的。它应该在国家总体经济社会发展目标和政策指导之下履行自身的职责，其货币政策目标和宏观调控目标要与国家经济社会发展的总体目标相一致，目标的实现也需要其他政策，特别是与财政政策的协调与配合。在打赢脱贫攻坚战等国家政策目标的推进过程中，作为履行中央银行职责的中国人民银行、财政部等 7 部门联合印发《关于金融助推脱贫攻坚的实施意见》，从精准对接脱贫攻坚多元化融资需求、大力推进贫困地区普惠金融发展、充分发挥各类金融机构助推脱贫攻坚主体作用、完善精准扶贫金融支持保障措施和持续完善脱贫攻坚金融服务工作机制五方面出台了系列措施。这在一定程度上反映了中央银行的相对独立性。

四、案例总结

贫困与反贫困一直是全人类共同关注的重要问题。2020 年脱贫攻坚任务完成后，中国提前 10 年实现联合国 2030 年可持续发展议程的减贫目标，世界上没有哪一个国家能在这么短的时间内帮助这么多人脱贫。这对中国和世界都具有重大意义。改革开放 40 多年来特别是党的十八大以来，我国成功走出了一条中国特色扶贫开发道路，形成了中国特色脱贫攻坚制度体系，谱写了人类反贫困历史的崭新篇章，在扶贫脱贫领域取得的成就和经验，为全球减贫事业贡献了中国智慧和中国方案。金融助力脱贫攻坚是中国减贫方案的重要组成部分。作为国家金融管理当局的中国人民银行，充分利用货币政策等工具，与财政政策协调配合，引导金融机构与金融市场积极参与中国的脱贫攻坚事业。中国诸多金融机构和金融市场通过金融创新等手段充分发挥其作用和功能，在脱贫攻坚战役中贡献了自己的力量。

参考文献

[1] 王修华，王毅鹏，赵亚雄. 改革开放 40 年中国金融扶贫动态演进与未来取向 [J]. 福建金融，2018 (12)：14-16.

[2] 孟现云. 浅谈金融助推脱贫攻坚 [J]. 时代金融，2018 (11)：33，45.

[3] 周孟亮. 普惠金融与精准扶贫协调的路径创新研究 [J]. 南京农业大学学报（社会科学版），2018，18 (2)：149-156.

[4] 全国 832 个国家级贫困县全部脱贫摘帽 [EB/OL]. (2020-11-23) [2020-12-01]. http://www.xinhuanet.com/politics/2020-11/23/c_1126776790.htm.

[5] 杨文佳，黄秋韦. 960 多万易地搬迁贫困人口全部脱贫胜券在握 “十三五” 易地扶贫搬迁任务全面完成 [EB/OL]. (2020-12-03) [2020-12-01]. http://www.ccdi.gov.cn/yaowen/202012/t20201203_231224.html.

[6] 习近平：坚决打赢脱贫攻坚战 [EB/OL]. (2017-11-03) [2020-12-01]. http://cpc.people.com.cn/xuexi/n1/2017/1103/c385474-29626301.html.

［7］杨彬彬．［决胜脱贫攻坚］发挥中国制度在脱贫攻坚战中的优势与效能［EB/OL］．（2020-04-26）［2020-12-02］．http://opinion.people.com.cn/n1/2020/0426/c1003-31688673.html.

［8］国务院扶贫办政策法规司，全国扶贫宣传教育中心．脱贫攻坚网络展［EB/OL］．（2020-05-12）［2020-12-02］．http://fpzg.cpad.gov.cn/.

［9］中国人民银行，发展改革委，财政部，等．关于金融助推脱贫攻坚的实施意见［EB/OL］．（2016-03-16）［2020-12-02］．http://www.gov.cn/xinwen/2016-03/24/content_5057078.htm.

［11］中国人民银行．关于切实做好 2019—2020 年金融精准扶贫工作的指导意见［EB/OL］．（2019-05-16）［2020-12-02］．http://www.pbc.gov.cn/zhengwugongkai/127924/128038/128109/3827882/index.html.

［12］国务院扶贫开发领导小组办公室．关于创新发展扶贫小额信贷的指导意见［EB/OL］．（2014-12-15）［2020-12-02］．http://www.cpad.gov.cn/art/2014/12/15/art_46_23778.html.